Lo Que Dicen Los Líderes De Personas y Empresas Que Utilizan Las Reglas Sandler

¡Excelente combinación! David H. Sandler el eterno maestro y Mattson un profesional de ventas en estos tiempos...No sólo lea este libro, utilícelo para mejorar su vida y la profesión de ventas que todos queremos.
— Anthony Parinello • Autor
Selling to VITO • Best-seller de Wall Street Journal, *Think and Sell Like a CEO*

¡Si pudiera escoger solo un aspecto de ventas que aprendí de la Capacitación Sandler que cambió mi vida personal y profesional es el siguiente...los vendedores tenemos derechos! En realidad nunca creía en eso antes y permitía que las personas se aprovecharan de mí. Gracias por toda la ayuda y apoyo para poder transformar esa creencia. Hemos tenido un aumento de 37% en ventas este año y estoy seguro que se debe a la implantación del Sistema de Ventas Sandler.
— John Schwaderer • Gerente de Operaciones
High Country Window and Door

No tan solo nuestro equipo se energizó y generó más ventas sino que también obtuvimos un verdadero Retorno de Inversión y le ganamos a la competencia gracias al beneficio directo de aprender el Sistema de Ventas Sandler.
— Jay Batista • Vice Presidente, Ventas
VCI Solutions

El Sistema de Ventas Sandler nos lleva a ganar ventaja competitiva en ventas sobre otras empresas que utilizan las técnicas "tradicionales "de ventas. El enfoque Sandler hacia las llamadas en frío, buzones de voz, encontrar el dolor y la sicología de "cerrar" fueron instrumentales en ayudarnos a exceder nuestras metas de venta. Sandler es por mucho, mejor que cualquier programa de capacitación que conozco.
— Jay Fraze • Director de Ventas y Presidente de la Junta de Directores
Cámara de Comercio de Cherry Creek

¡Gracias Sandler! ¡El sistema nos ayudó a mejorar la rentabilidad de la producción en un 25% en 6 meses!
— Roger Elizondo • Director
LasikPlus Vision Center de River Oaks/Sugar Land

¡Esto funciona! Le ha dado a nuestro equipo de ventas las herramientas necesarias para saber dónde se encuentran en el proceso de ventas y a controlar de manera efectiva el proceso. Esto es el proceso "limpio" de ventas. En realidad elimina los desperdicios de tiempo y energía en ventas.
— Blain Tiffany • Presidente de Castle Metals Plate

LAS REGLAS SANDLER®

Cuarenta y nueve Principios de Venta Perdurables…
Y Cómo Aplicarlos

Las más exitosas técnicas de venta nunca antes reveladas basadas en las reglas desarrolladas por David H. Sandler, creador del Sistema de Ventas Sandler.

Adaptado por
DAVID MATTSON

PEGASUS
Media World

Editorial
Pegasus Media World
PO Box 7816
Beverly Hills, CA 90212
Para más información favor de visitar www.sandler.com o llamar al: 1-800-638-5686 U.S.

Traductor: Francisco J. Cordero Rivera

The Sandler Rules: Forty-Nine Timeless Selling Principles... And How to Apply Them
© 2009 Sandler Systems, Inc.
ISBN, print ed. 978-0-9822554-8-3 hard cover
Las Reglas Sandler Cuarenta y nueve Principios de Venta Perdurables...Y Cómo Aplicarlos
© 2010 Sandler Systems, Inc.
ISBN, print ed. 978-0-9822554-1-4 libro enrústica en Español

Diseño de cubierta: James Kim • Diseño de interior: Jonathan Siegel

Primera Impresión: 2009
© 2009 Sandler Systems, Inc. Todos los derechos reservados.
Ninguna parte de este libro se puede reproducir ni transmitir de ninguna forma o manera, bien sea electrónica o mecánica, incluidas fotocopias, grabaciones, almacenamiento de información ni sistemas de recuperacion, sin el consentimiento expreso, por escrito, de Sandler Selling Systems, Inc.

Limites de la Responsabilidad/Renuncia de la Garantía: Aún cuando la casa editorial y los autores llevaron a cabo su mayor esfuerzo en la preparación de este libro, ellos no ofrecen representaciones ni garantías con relación a la exactitud o integridad del mismo, y específicamente, renuncian a todas las garantías implícitas de comercialización o de adaptaciones para algún propósito en particular. Ningún representante de ventas ni material promocional escrito ofrece garantía alguna. Las opiniones y estrategias aquí contenidas puede que no sean apropiadas para su situación particular. La empresa editora no lleva a cabo servicios profesionales y, de ser necesario, usted debe consultar a un profesional. Ni la casa editorial ni los autores serán responsables de ninguna perdida, ganancia ni de ningún otro dañó comercial que incluye, pero no se limita, a daños especiales, incidentales o consecuentes que ocurran como resultado del uso de las técnicas contenidas en este libro o en los sitio (s) electrónicos) a los cuales se hace referencia.

Sandler and Sandler Selling System son marcas registradas de Sandler Systems, Inc. Sandler Training (y diseño) es una marca de Sandler Systems, Inc.

Catálogo de Publicación de la Editorial

Mattson, David
The Sandler Rules: Forty-Nine Timeless Selling Principles ... And How to Apply Them / David Mattson. – 1st ed.
p. cm.
Includes index.
"The most successful sales techniques ever revealed, based on the rules developed by David H. Sandler, creator of the Sandler Selling System."
LCCN 2008942411
ISBN-13: 978-0-9822554-8-3
ISBN-10: 0-9822554-8-9
ISBN-13: 978-0-9822554-1-4 libro en rústica en Español
ISBN-10: 0-9822554-1-1

1. Selling.   I. Sandler, David H.   II. Title.
HF5438.25.M382 2009   658.85
QBI08-600343

Sobre Dave Mattson
Presidente Ejecutivo de Sandler Systems, Inc.

Dave Mattson es el Presidente Ejecutivo y socio de Sandler System INC, un organización internacional de capacitación y consultoría con base en los Estados Unidos. Desde 1986, ha sido capacitador y consultor en gerencia, ventas, comunicación interpersonal, integración de equipos y planificación estratégica en los Estados Unidos y Europa. Los clientes por lo regular describen su entusiasmo creativo, resolución de problemas y diseño de currículo como fortalezas particulares que utiliza para aumentar la productividad y eficiencia de las empresas con las que trabaja.

Una de las primeras lecciones que aprendió Dave en el proceso de ventas es la ley de causa y efecto: *Si uno trabaja arduo, tendrá recompensas. Si uno prospecta, genera ventas. Si uno tiene metas, llega más lejos que sin ellas.* El impacto de la causa y efecto se observa en todos los aspecto de la vida, en especial en ventas. Este enfoque está alineado con los conceptos y metodología expresados por las Reglas Sandler, una serie de reglas de venta creadas por David Sandler para guiar los comportamientos e interacciones en las situaciones de compra/venta. Cuando se trataba de ventas las Reglas Sandler parecían tan claras como el agua- "si sucede *esto* , entonces se hace *esto otro*...."

En 1986, Dave conoció al fundador de Sandler Training, David H. Sandler y se enamoró de su material de capacitación. En 1988 comenzó a trabajar para el Sr. Sandler y eventualmente lo seleccionaron para estar al frente de la empresa.

Dave conduce sesiones de capacitación y seminarios a través de todo el mundo. Se ha dado cuenta que cada vez que dice, "A continuación una Regla Sandler", los participantes escuchan con especial atención, y que las Reglas Sandler son fáciles de recordar hasta 15 años después de la capacitación.

Dedicatoria

A David H. Sandler, cuyo profundo entendimiento de la naturaleza humana y devoción con la profesión de ventas le llevaron a crear no tan sólo el proceso de ventas más efectivo, sino también a aumentar el nivel de profesionalismo de los vendedores a través de todo el mundo.

Reconocimientos

Mis agradecimientos a las siguientes personas, quienes sin su ayuda este libro no hubiese sido posible. A los capacitadores Sandler alrededor del mundo que dan vida y pasión al trabajo de David Sandler, y quienes han ayudado a llevar la organización Sandler a niveles y dimensiones que David Sandler mismo jamás hubiera soñado. Al equipo de la oficina central, por su dedicación para hacer de Sandler la empresa más innovadora de capacitación y consultoría del mundo. A mi socio, Bruce Seidman, por compartir un visión común de Sandler Training. A Howard Goldstein, por la dedicación e integridad del mensaje de David Sandler y por trabajar de forma incansable en este proyecto. Y un agradecimiento especial a mi familia por su amor y apoyo incondicional.

Nota del traductor:
Para propósitos de fidelidad con el texto original se utiliza el verbo Prospectar y sus derivados (del inglés Prospecting) para referirse a la acción y actividades relacionadas a la búsqueda de clientes potenciales. Prospecto se refiere al cliente potencial.
*Para beneficio del lector se incluye la versión original en inglés de cada Regla Sandler al principio de cada capítulo.
**Algunas formas masculinas (ej. vendedor, prospecto,etc) se utilizan en el texto de manera genérica. El material aplica tanto para masculino como para femenino.

TABLA DE CONTENIDO

PRÓLOGO:
EL HOMBRE DETRÁS DE LAS REGLAS 4

PARTE UNO:
APRENDA LOS CONCEPTOS BÁSICOS 11

Utilice las Primeras Seis Reglas Para Transformar Su Proceso de Ventas.

REGLA
1. Para ganar, usted tiene que aprender a fracasar 13
2. No riegue los dulces en el vestíbulo. 17
3. No mistificación mutua. 21
4. Una decisión de no tomar una decisión es una decisión. 25
5. Nunca conteste una pregunta que no le hagan. 29
6. No intente comprar de nuevo mañana el producto o servicio que vendió hoy. 34

PARTE DOS:
EJECUTE 38

Haga lo que funciona.

7. Nunca tiene que gustarle prospectar, sólo tiene que hacerlo. 39
8. Cuando prospecte, concéntrese en conseguir una cita. 43
9. Cada actividad de prospectar sin éxito es una enseñanza. 48
10. Desarrolle conciencia de prospectar. 51
11. El dinero sí crece en los árboles 55
12. Conteste cada pregunta con una pregunta. 58
13. No leer mentes. 62

REGLA		
14	Un prospecto que escucha no es del todo un prospecto.	66
15	La mejor presentación de ventas que usted dará, el prospecto nunca la verá	70
16	Nunca pida que el prospecto solicite la orden, haga que "descarte otras opciones".	74
17	El profesional hace lo que hacía cuando era un aprendiz- a propósito.	78
18	No pinte "gaviotas" en el cuadro del prospecto.	82
19	Nunca ayude al prospecto a terminar la entrevista.	86
20	La meta principal de un profesional de ventas es ir al banco.	89
21	Venda hoy, eduque mañana.	94
22	Presente sólo para "tirar a matar."	97
23	La forma de deshacerse de una bomba es desactivarla antes que explote.	100
24	Conocimiento de producto que se utilice a destiempo pudiera resultar intimidante.	103
25	Cuando quiera saber el futuro, tráigalo al presente.	106
26	Las personas compran a pesar de un estilo de venta agresivo, no como consecuencia del mismo.	110
27	No puede venderle nada a nadie – deben descubrir que lo quieren	114
28	Ante un ataque – retroceda.	118
29	Su taxímetro siempre está corriendo.	122
30	No puede perder nada que no tiene.	125
31	Cierre la venta o guarde el archivo	129
32	Obtenga un "le debo algo" en todo lo que haga.	132
33	De camino al banco, manténgase mirando por encima del hombro.	136

PARTE TRES:
EL CURSO CORRECTO 139

Recuerde lo es fácil de olvidar.

REGLA

34 Trabaje de forma inteligente, no ardua. 140
35 Si la competencia lo hace, pare de hacerlo de inmediato. 144
36 Sólo aquellos con capacidad para tomar decisiones, influencian a otros a que las tomen. 147
37 Todos los prospectos mienten todo el tiempo. 151
38 El problema que el prospecta presenta nunca es el problema real 154
39 Cuando todo falle, conviértase en un consultor. 158
40 Finja hasta que lo logre. 162
41 No existen malos prospectos—sólo malos vendedores. 165
42 Un ganador tiene alternativas, un perdedor pone todos lo huevos en una canasta. 168
43 No se aprende a ganar con un "Sí"- se aprende a ganar con un "No" 171
44 Cuando le duela el pie, es porque usted mismo se está pisando. 174
45 Exprese los sentimientos a través de historias de terceras personas. 177
46 No existe tal cosa como un buen intento. 180
47 Vender es una obra de Broadway con un psiquiatra como actor 184
48 Una vida sin riesgos es una vida sin crecimiento. 188
49 Deje al niño en el auto. 191

EPÍLOGO:
ALGUNOS PENSAMIENTOS FINALES SOBRE TIEMPOS BUENOS Y TIEMPOS MALOS Y LOS COMPORTAMIENTOS RELACIONADOS 194

ÍNDICE 197

PRÓLOGO

EL HOMBRE DETRÁS DE LAS REGLAS

David Sandler no comenzó con la intención de construir un organización global de capacitación, de convertirse en un reconocido capacitador en ventas, o incluso convertirse en un vendedor. Su introducción al terreno de negocios llegó de joven, trabajando los veranos en el negocio de distribución de productos comestibles de merienda de la familia. Cuando rondaba los veinte años, era un chofer de entrega que visitaba pequeños supermercados. A los treinta y seis años, era presidente de la compañía y como él lo expresaba "de forma fácil".

De pronto su mundo se derrumbó.

Luego de perder una batalla legal con su socio, perdió el trabajo que debió de haber durado toda la vida- además de perder sus autos, beneficios y membresía a un club que pertenecía.

Con una familia que sustentar y una hipoteca que pagar, David se fue a trabajar con un antiguo competidor en la industria de comestibles de merienda. Para complementar sus ingresos, comenzó a trabajar a tiempo parcial con un distribuidor de programas de motivación audiovisuales. Hasta ese momento todas "las ventas" que había realizado eran mayormente producto de una orden de compra- dar servicio a la cuenta y de vez en cuando ofrecer a las personas un producto o promoción nueva. Vender materiales motivacionales era extraño para él, pero decidio que lo podía lograr. La compañía tenía un programa de capacitación que se suponía garantizara el éxito; comenzó a revisarlo.

De forma diligente, David estudió los materiales de capacitación. Aprendió a realizar presentaciones de venta, cómo lidiar con las objeciones, y cómo cerrar la venta. En las noches y fines de semana, llamó a todo aquel que estaba dispuesto a escucharlo. No le gustaba vender-de hecho lo odiaba- pero necesitaba dinero y persistió.

A pesar de las postergaciones y rechazos, hizo cantidad de llamadas en frío; gracias a su determinación, el esfuerzo le trajo resultados. En corto tiempo se convirtió en la única persona productiva en la compañía. A menos de un año de entrar en el mundo de venta profesional como vendedor a tiempo parcial, David compró la distribuidora.

Ahora le tocaba tomar otra decisión- si dejaba o no el trabajo diurno. Para ser exitoso en ventas, sabía que tenía que estar comprometido en su totalidad a la profesión. Renunció al negocio de comestibles de merienda, para nunca regresar. Ahora trabajaba para sí mismo.

David aprendió mucho de la forma tradicional de venta-qué funcionaba y qué no. Aprendió mucho sobre sí mismo- lo que le gustaba de las ventas, lo que no y cómo motivarse (o desmotivarse) a hacer cosas que no le gustaban.

David luego se propuso aprender lo más que pudo sobre el comportamiento humano...para entender mejor por qué los prospectos actuaban como actuaban, así como qué les motivaba a comprar. Esta etapa de su carrera sentó las bases del sistema de capacitación que lleva su nombre... y produjo la observación "reveladora" más citada: "Las personas toman decisiones de compra de forma emocional... y justifican esas decisiones de forma intelectual".

Hoy día, casi todas las personas involucradas en ventas reconocen lo sabio de esta observación, y aceptan que a) el prospecto tiene que involucrase de forma emocional, y b) tiene que haber un dolor que afecte tanto al prospecto, que adelante la venta.

¿Qué significa esto para usted? ¿Qué se supone que uno haga para provocar las emociones? ¿Qué tiene que ver esta conversación elevada con la profesión de ventas?

La respuestas se encuentran en una teoría de psicología y psicoterápia conocida como Análisis Transaccional- A-T. El A-T fue desarrollado al final de los años 50 por un psiquiatra llamado Eric Berne. Cuando David Sandler desarrollo la metodología de El Sistema de Ventas Sandler, utilizó el A-T como su modelo de relaciones humanas, y lo utilizó para apoyar las explicaciones sobre las razones por las que los vendedores y compradores actúan como actúan. El A-T es la base para las reglas de este libro y todo el enfoque Sandler, de modo que conviene resumir el A-T de forma breve antes de comenzar.

LO QUE DICE EL A-T SOBRE EL COMPORTAMIENTO HUMANO

La teoría A-T define tres estados de ego que influencian nuestro comportamiento- el *Padre*, el *Adulto*, el *Niño*.

El estado de ego del *Padre*, es la parte nuestra donde se guarda la información con respecto a cosas como lo que es bueno y malo, correcto o incorrecto, apropiado e inapropiado.

El esto de ego *Adulto*, es la parte lógica, analítica, y racional de nuestro comportamiento en general. Sopesa los pros y los contras, lo que suma y resta, las ventajas y desventajas.

El estado de ego del *Niño*, es nuestra parte emocional, donde se guardan los sentimientos. *Lea esta parte dos veces:* El A-T teoriza que al momento de cumplir seis años, ya hemos experimentado y grabado una amplia gama de emociones- emociones que nos influencian durante toda la vida. Esto aplica a vendedores, compradores y todos los demás.

En el estado del *Niño* es donde se originan gran parte de las decisiones que tomamos- no sólo las decisiones de compra sino toda clase de decisiones. El *Niño* es esa personita de seis años dentro de nosotros, que siente una emoción particular en un momento en particular, y dice, "Quiero esto", "Quiero aquello". O quizás: "No quiero esto", y "No quiero hacer aquello".

Las reglas Sandler fueron revolucionarias para el mundo de ventas porque reconocieron que era el *Niño* es quien comenzaba el proceso. No había *Padre* que juzgara si la compra era apropiada o no, o *Adulto* que sopesara los pros y los contras de una venta. Tenía que existir alguna emoción que guiara el proceso. Sandler observó que el *Padre* y el *Niño* no se involucraban hasta que el *Niño* dijera, "Lo quiero".

Poder lograr que el *Niño* exprese ese deseo es el objetivo de la fase crítica que ahora llamamos el paso de *Dolor* del Sistema de Ventas Sandler. (Si quiere información adicional sobre el Sistema de Ventas Sandler en su totalidad y los pasos que contiene, escríbanos a info@sandler.com o visítenos a www.sandler.com.)

Involucrar de forma emocional a los prospectos en ventas no significa necesariamente que se tienen que comportar de forma emocional- descontentos, molestos, consternado, con miedos o cualquier otra emoción. Tampoco significa que el prospecto tiene que expresar una emoción. Sólo significa que el *Niño* interior de ese prospecto diga, "Lo quiero".

¿Por qué el *Niño* del prospecto dice, "Lo quiero"? Quizás porque usted le ayudó a descubrir algo que no sabía antes de conocerlo. Tal vez le ayudó a ver la situación en particular desde una perspectiva diferente, y sembró alguna duda sobre una estrategia existente. Quizás le ayudó a enfocarse en la raíz de la causa del problema. Tal vez el *Niño* del prospecto está diciendo, "Quiero saber lo esta persona sabe" o "Quiero lo que esta persona tiene que ofrecer". Cualquiera que sea la emoción, no podrá cerrar la venta a menos que el componente emocional de la identidad del prospecto- el *Niño*- aparezca en la negociación.

Sandler también reconoció que sólo "enganchar" al *Niño* del prospecto no era la respuesta. Esto nos lleva a la segunda parte de su famosa observación. Léala dos veces: "Las personas toman decisiones de compra de forma emocional...*justifican esas decisiones de forma intelectual.*"

En algún momento el *Padre* del prospecto va a hacer preguntas como, "¿De verdad necesito esto?" y ¿Estoy seguro que no estoy actuando de forma muy impulsiva?"

El *Adulto* del prospecto hará incluso preguntas como, "¿Puedo pagar esto" y "¿Son estas las mejores alternativas que tengo"

Como resultado de estas preguntas, el prospecto pudiera dudar- y si no jugamos las cartas de forma correcta, una venta que está "asegurada" se pudiera detener.

Es por esto que el Sistema de Ventas Sandler tiene los pasos de *Presupuesto* y *Decisión*- para satisfacer el aspecto intelectual de la decisión. Desde la perspectiva del vendedor, estos son los pasos de calificación. Desde la perspectiva del prospecto, sin embargo, estos pasos brindan una oportunidad para que se involucren en el proceso el *Padre* y el *Adulto*. El *Padre* y el *Adulto* llegan para especificar bajo qué condiciones se apropiadas y lógicas se considerará la decisión de compra.

Fue el ingenio de David Sandler que lo llevó a descubrir estos principios básicos y a decodificarlos. Con esta información de que nos dirigimos no sólo a un prospecto sino que a tres- el *Niño*, el *Padre* y el *Adulto*, podemos hacer la planificación correspondiente. Podemos presentar nuestros productos y servicios de tal forma que el *Padre* diga, "Está bien, parece que esto es lo que hay que hacer. Tiene mi autorización para proseguir." Podemos presentar la información de tal forma que el *Adulto* diga, "Después de considerar toda la información, esto tiene sentido. Prosiga." Y podemos presentar nuestro producto o servicio de tal forma que el *Niño* diga, "Sí, lo quiero."

Venderle a tres personas, cuando pareciera que sólo se le vende a una, requiere de práctica. Las cuarenta y nueve reglas de venta que se presentan en este libro – las Reglas Sandler* – se han probado a cabalidad por más de tres décadas. Son lo que debería poner en práctica si quiere explotar lo que David Sandler descubrió, mediante el Análisis Transaccional y experiencia propia, sobre la condición humana.

Las Reglas Sandler son relevantes para todos los profesionales de venta, y para todo estudioso del proceso de toma de decisiones de los humanos. Parte de lo que encontrará en este libro de ofrecerá interioridades del los prospectos. Parte de lo que descubrirá en esta lectura le ofrecerá interioridades de usted mismo. *Todo hay que reforzarlo al cabo del tiempo.*

Revelación total: Si usted es un profesional de ventas, la mejor manera de reforzar lo que está a punto de aprender es con la ayuda de un capacitador Sandler. Si por el momento no puede hacerlo ... este libro puede ayudarle hasta que pueda

David Sandler murió demasiado joven, y continúa siendo una inmensa pérdida para aquellos que lo conocimos, cuyas vidas tocó de forma directa o indirecta, que pudieron ver un proyecto de esta magnitud que él nunca imaginó. Como el destino decidió que fuera así, por favor dele crédito a David por todas las aportaciones contenidas en este libro- y responsabilíceme por cualquier deficiencia al plasmar sus ideas.

Ponga las Reglas Sandler en acción. No se limite a leer el libro una vez. Lea los principios y emplee los conceptos hasta que sean parte de usted. Si David Sandler invirtió décadas para refinar estas reglas, y de hecho lo hizo, es realista presumir que usted, también, necesitará algún tiempo- tiempo para hacer de las Reglas Sandler algo que usted *hace,* no tan sólo conoce.

– David Mattson

PARTE UNA:

APRENDA LOS CONCEPTOS BÁSICOS

Utilice las primeras seis reglas para transformar su proceso de venta.

REGLA SANDLER #1

PARA GANAR, TIENE QUE APRENDER A FRACASAR
"YOU HAVE TO LEARN TO FAIL, TO WIN"

¿Alguna vez perdió una venta-y lo tomó como un fracaso personal?

- Fracasar no es malo.
- Usted como persona no es un fracaso.
- Hay una diferencia Usted real y su Rol real.

El fracaso es parte de la condición humana. Todas las personas fracasan en algo. Aquellos que tienen mucho éxito fracasan en muchas cosas.

Usted puede escoger ver los fracasos como experiencias negativas-derrotas, pérdidas, reveses. O puede elegir ver los fracasos como experiencias positivas-oportunidades para aprender qué no hacer, qué hace falta cambiar, y qué necesita arreglar. El fracaso puede acelerar su éxito...sólo si se toma el tiempo para extraer lecciones claras de los fracasos, y luego aplicarlas en el futuro.

> ESCOJA ENTRE APRENDER DE LA EXPERIENCIA DE FRACASAR-O DECIDIR NO APRENDER NINGUNA LECCIÓN DE TODOS SUS ERRORES.

Reconocer el fracaso como una experiencia positiva potencial le brindará una nueva libertad-la libertad de intentar cosas nuevas, de ser más creativo, y de salirse de su zona de confort.

Si no logra resultados que busca, pregúntese, "¿Qué aprendí de todo esto?"

Claro, aceptar este concepto se forma *intelectual* es una cosa; lidiar con el fracaso de forma *emocional* es otra. Antes de que aprenda de los fracasos, tiene que aprender a fracasar. Y, para poder hacerlo, tiene que entender el fracaso y ponerlo en justa perspectiva.

EL USTED REAL VS. SU ROL REAL

Cuando fracase en lograr algo, USTED no es un fracaso. Usted- una persona con valor intrínseco- no fracasó. Por el contrario, fue la actividad- su plan de acción, estrategia o técnica- la que fracasó. Existe una diferencia entre el USTED real y su ROL real.

El USTED real se define por la identidad propia...la percepción de valor propio.

El ROL real se define por su desempeño dentro de un rol-hermano, hermana, esposo, padre, entrenador de ligas menores, o vendedor.

Por ejemplo, puede que no sea en lo particular diestro como entrenador de ligas menores pero esto no lo devalúa como persona- el USTED real. Sólo significa que existe espacio para mejorar sus destrezas como entrenador de ligas menores.

Lo mismo aplica al rol de vendedor. Fracasará en obtener citas con algunas personas. Fracasará en cerrar ventas con otras. El fracaso no es un reflejo del USTED real, sólo de su ROL. Estos "fracasos" son sólo un indicativo de que existe espacio para mejorar sus "destrezas de vendedor".

Tiene que aprender a no tomar de forma personal los fracasos del rol. Un intento frustrado por obtener una cita o cerrar una venta es sólo eso- un intento frustrado. No tiene nada que ver con su valor como persona.

¡Su valor como persona sigue intacto!

Si existe una lección que aprender de un intento fallido, identifíquela y aplíquela en intentos futuros. ¡Punto!

Sabrá cuando aprendió a fracasar de forma que apoye el *ganar* –contrario a tomarlo de forma personal- porque comenzará a pensar sobre el "fracaso" de forma diferente. Cuando empiece a buscar aprender de los "fracasos", porque sabe que ese aprendizaje lo llevará a "ganar" en el futuro, irá por el camino correcto.

COMPRUEBE SU APRENDIZAJE

¿CUÁLES SON LOS RESULTADOS POSITIVOS DEL FRACASO?

Busque la respuesta abajo.

COMPORTAMIENTOS

Piense en un "fracaso" reciente... e identifique tres lecciones que aprendió de esa experiencia. Luego identifique una oportunidad actual o futura donde pueda aplicar esas lecciones.

Respuesta: Usted aprende una lección sobre lo que no se debe hacer, la cual puede estimular la creatividad y acelerar la curva de aprendizaje. Aceptar el "fracaso" como algo normal le brinda la libertad de intentar cosas nuevas sin poner su auto estima en riesgo.

REGLA SANDLER #2

NO RIEGUE LOS DULCES EN EL VESTÍBULO
"DON'T SPILL YOUR CANDY IN THE LOBBY"

¿Alguna vez compartió demasiada información, muy pronto?

- ¿Ha "tropezado" en el cine?
- Provoque que el prospecto hable.
- Guárdese su conocimiento y pericia.

Ha esperado en fila por veinticinco minutos para comprar un boleto. Se le van otros ocho minutos en fila para comprar dulces. Finalmente, con sólo dos minutos para que comience la función, al agarrar la caja de dulce de $4, que no puede esperar para abrir, sucede un desastre. Se encamina hacia el teatro dispuesto a conseguir un buen asiento y comerse los dulces mientras ve la película- pero al acercarse a la puerta, tropieza con un pedazo de alfombra. Se tambalea hacia al frente, al igual que la caja de dulces.

Con la mayor elegancia posible, se recupera de su tropiezo. Se precipita hacia su asiento y se acomoda. Pero, como la mayoría de los dulces se quedaron regados en el vestíbulo del teatro, la experiencia de la película no es la misma. ¡Si hubiese esperado unos minutos antes de abrir la caja de los dulces!

> NO DIGA TANTO, DEMASIADO PRONTO.

¿Qué tiene que ver regar dulces de una caja con ventas? ¡Tiene mucho que ver! Cuando realiza una visita de ventas, usted trae consigo una "caja de dulces". Esta caja es su conocimiento y pericia. Muchos vendedores están deseosos por abrir la caja a la menor provocación y riegan todos los dulces. Tan pronto como el prospecto expresa una preocupación que el producto o servicio del vendedor pueda atender, el vendedor se cambia a modo de presentación y destaca las características y beneficios principales e incluso mencionan testimonios de terceras partes para impresionar. "Dulce", "dulce" y más "dulce"

Claro, existe un momento para ofrecer "dulces": durante una presentación formal, demostración o revisión de propuesta. E incluso en esos momentos, se debería enfocar sólo en los elementos específicos pertinentes a los asuntos y preocupaciones que usted y el prospecto identificaron con anterioridad-en conjunto.

MANTENGA LOS "DULCES" DENTRO DE LA CAJA

Durante la fase inicial de la visita de venta-la fase de descubrir datos- los "dulces" tienen que permanecer dentro de la caja. La tarea en ese momento es hacer preguntas y recopilar información necesaria para entender a cabalidad la situación del prospecto. La tarea es tomar notas sobre el problema a resolverse o sobre los objetivos a cumplir. Es determinar si su producto o servicio es en realidad la mejor solución. ¡La tarea no es regar "los dulces" en el piso! Por lo general, esto lleva a situaciones desafortunadas: Usted le dice al prospecto todo sobre su producto o servicio. Luego de la visita de venta, termina confundido: "¿Por qué no obtuve una orden de compra? Les expresé todas las razones para que así fuera- ¡pero nada pasó!"

Si tiene por costumbre entregar información, propuestas, y material promocional sin antes entender en realidad las motivaciones de compra del cliente– tiene el hábito de regar los dulces en el vestíbulo. Pregúntese: Luego de tener toda la información y precios, ¿en realidad lo necesitan?

Sus prospectos no van a buscar información adicional con la competencia- "¿verdad que no?"

Por el contrario, recopile datos suficientes para calificar la oportunidad. Si llega lo suficiente lejos en el desarrollo del ciclo como para hacer una presentación, entonces puede abrir la caja de dulces.

Sí- usted puede y debería ayudar al prospecto. La mejor manera de ayudar en la fase inicial del proceso, es sin embargo, hacer preguntas. Diga lo menos posible y permita que el prospecto hable lo más posible. El trabajo en ese momento es obtener información, no compartirla. Guarde las golosinas para más adelante.

COMPRUEBE SU APRENDIZAJE

¿CUÁL ES EL PELIGRO DE REGAR LOS DULCES EN EL VESTÍBULO?

Busque la respuesta abajo.

COMPORTAMIENTOS

Identifique momentos específicos durante una visita de venta donde pudiera estar muy deseoso por compartir información. Pregúntese: ¿Por qué quiero compartir esta información? ¿Es quizás, el resultado del deseo de establecer credibilidad o demostrar pericia?

Por cada situación que identifique, desarrolle preguntas específicas que podría hacer para determinar si la información que "riega" es en realidad relevante y de interés para el prospecto.

Respuesta: Al regar los dulces temprano en el desarrollo del ciclo de venta, se toma el riesgo de revelar aspectos de su producto o servicio que no le interesan al prospecto o que no entiende. En cualquiera de los casos, le ofrece razones al prospecto al principio del proceso para decir "no", a lo que usted ofrece, o peor aún, que exprese el deseo de "pensarlo".

REGLA SANDLER #3

NO MISTIFICACIÓN MUTUA
"NO MUTUAL MYSTIFICATION"

¿Alguna vez escuchó lo que quería escuchar por parte del prospecto-y como resultado perdió la venta?

- ¿Tiene usted "oídos felices"?
- Confirme lo que todos quieren.
- Confirme lo que va a suceder después.

"¡ESTOY DESEOSO DE VER LO QUE PUEDE HACER POR NOSOTROS!"

A Guillermo lo contacta el Presidente Financiero de la Compañía ABC, cuyo negocio de seguro para empleados Guillermo lleva buscando por tres años. El Presidente Financiero dice que está deseoso de ver lo que la compañía de Guillermo puede hacer por él, y solicita una cotización lo más pronto posible. ¡Esto es música para los oídos de Guillermo!

Guillermo entiende que su persistencia por fin rindió frutos. De inmediato contacta al departamento de Recursos Humanos para obtener la información sobre los empleados que necesita para hacer la propuesta, y se dispone a trabajar.

¿Rindió por fin frutos la persistencia de Guillermo? ¿O simplemente el Presidente Financiero está en busca de una cotización competitiva como elemento para negociar con su corredor de seguros actual?

"¡ADELANTE!"

Esta mañana, Tomás hizo contacto telefónico con un prospecto que se mostró entusiasta con la llamada. El prospecto estaba deseosa de saber cómo la compañía de mercadeo de Tomás la podía ayudar a promocionar la apertura de su nueva tienda. De forma breve describe alguno de sus objetivos y con entusiasmo le concede a Tomás una cita.

Tomás entiende ahora que en la reunión hará preguntas para definir el alcance del evento, descubrir las expectativas del prospecto e identificar la disponibilidad de recursos. Por otro lado, el prospecto piensa que Tomás viene a hacer una presentación.

La "bola de cristal de ventas" predice que Tomás tiene en el futuro una reunión incómoda.

"¡EL DINERO NO ES UN PROBLEMA!"

En una reunión, Susana le pregunta de forma directa al prospecto si hay presupuesto para el proyecto de consultoría que discutían. El prospecto responde que "El dinero no es un problema". Susana no pensó que el comentario del prospecto le daba entera libertad de acción, pero se sintió aliviada por que no tendría que lidiar con limitaciones de presupuesto en el desarrollo del proyecto.

> ¿SABEN AMBAS PARTES LO QUE VA SUCEDER DESPUÉS?

¿Se debería Susana sentir cómoda? ¿Quiso decir el prospecto que el presupuesto, para propósitos prácticos, era ilimitado? ¿O quiso decir que el dinero "no era importante" porque *no había ninguno disponible?* (Sí, existen prospectos que dan respuestas como esta)

En ocasiones, los vendedores tiene "oídos felices". Tienden a escuchar lo que desean escuchar. Lo que entienden que escucharon a través de esos oídos felices no reflejan la intención real de lo que expresó el prospecto.

Es responsabilidad del vendedor:

- Determinar las intenciones y expectativas del prospecto.
- Ayudar al prospecto a ser más específico y a definir cualquier término o frase ambigua que se pudiera malinterpretar.
- Atar los cabos sueltos.
- Asegurarse que todas las partes en una conversación o reunión "están sincronizadas" con lo que se discutió...lo que se supone que pase después.

Practique recapitular las conversaciones después de interactuar con prospectos o clientes. Diga algo como: "Permítame recapitular lo que discutimos para asegurar que todos estamos en la misma página y que no dejamos nada fuera". Luego repase la conversación en detalle, y concluya con una pregunta como: "¿Alguien tiene algo que añadir...se me olvidó o malentendí algo?"

Eliminar la *Mistificación Mutua* hoy reduce la posibilidad de malentendidos y falsas expectativas mañana.

COMPRUEBE SU APRENDIZAJE

¿CUÁL ES EL PROBLEMA CON "LOS OÍDOS FELICES"?

Busque la respuesta abajo.

COMPORTAMIENTOS

Identifique una o más situaciones donde el síndrome de los "oídos felices" le engañó. Para cada situación, desarrolle tres o cuatro preguntas que hubiese podido hacer para aclarar o confirmar lo que creyó escuchar.

Respuesta: En ocasiones, los vendedores escuchan lo que desean escuchar. Esto es, interpretan las palabras del prospecto de manera más favorable a su causa que de manera lógica, sin involucrar emociones.

REGLA
SANDLER #4

UNA DECISIÓN DE NO TOMAR UNA DECISIÓN ES UNA DECISIÓN
"A DECISION NOT TO MAKE A DECISION IS A DECISION"

¿Alguna vez un prospecto le expresó, "Necesito pensarlo?"

- ¿Qué significa "déjeme pensarlo"?
- Averigüe qué está pasando.
- Dé permiso a las personas a decir "No."

Nancy hace una llamada de seguimiento a un prospecto que antes solicitó información. La intención de la llamada era tener una conversación breve, calificar la oportunidad, y conseguir una cita de considerarlo apropiado. El prospecto revela que recibió y leyó la información- y que estaba "bien interesado". Pero, añadió, necesitaba un poco más de tiempo para "digerir" lo que le ella le había enviado antes de conceder una cita.

Nancy acordó volverlo a llamar la semana siguiente.

El comité de compras informan que están listo para tomar una decisión y le conceden a Ricardo noventa minutos para presentar su propuesta. Ricardo explica los detalles de cada punto de la propuesta. Atiende todas y cada una de las preocupaciones de los miembros del comité. Respondió todas las preguntas que surgieron, y en cada respuesta, recibió lo que entendió fueron gestos de aprobación. Preguntó si necesitaban información adicional. Todos dijeron que "No"- y lo felicitaron por la presentación. ¿Ya sabe usted hacia dónde va todo esto, verdad?

Ricardo no. Se sintió bien positivo por el resultado de la presentación. Con confianza procedió a preguntarles por una decisión. Luego de murmurar entre ellos, anunciaron que necesitaban algún tiempo para "pensarlo" y prometieron contactar a Ricardo en cerca de una semana, cuando las aguas bajaran a su nivel.

¿Cree usted que Nancy obtuvo la cita? Después de todo, el prospecto estaba "bien interesado". ¿Y Ricardo? ¿Obtuvo la venta? Todos halagaron su presentación y prometieron que "lo iban a pensar".

Cuando solicite una cita, intente cerrar una venta, o pregunte por una acción por parte del prospecto o cliente, usted pide por una decisión- un compromiso a hacer o no algo. En resumen, pide un "Sí" o un "No". No debería buscar nada entre medio de esos dos puntos.

Cuando un prospecto decide no tomar una decisión-cuando brinda un "lo voy a pensar", como sea que lo exprese- con toda probabilidad le está ofreciendo un "No" disfrazado.

Puede que los prospectos vean la indecisión como una forma de protegerle-desilucionarlo poco a poco para no herir sus sentimientos. Con toda probabilidad, el prospecto se protege a sí mismo de tener que explicar una decisión de "No". Ofrecer un "lo voy a pensar" es por lo general una estrategia efectiva para evitar una potencial situación social incómoda.

> DESCUBRA LA VERDAD, AUNQUE SEA ALGO QUE NO QUIERE OÍR.

Cuando pregunte a un prospecto o cliente por una decisión, aclare por adelantado que un "Sí" es preferible, pero que un "No" es bien recibido. Eso es así: un "No" es bien recibido. (Refiérase a la Regla #43: *No se aprende a ganar al obtener un "Sí"- se aprende a ganar al obtener un "No"*)

Cuando le concede el permiso a los prospectos de decir "No", aclara que un "No" es bien recibido, se van a inclinar menos a disfrazar lo que dicen con un "lo voy a pensar".

Cuando interactúe con prospectos y clientes, su objetivo es descubrir la verdad, incluso si es algo que no quiere oír. Después de todo, si la respuesta va a ser un "No"- el prospecto no le concede una cita, el cliente no va a comprar lo que ofrece, el prospecto no se convertirá en su próximo cliente- ¿no le gustaría saberlo más temprano que tarde?

COMPRUEBE SU APRENDIZAJE

¿Qué debe hacer si desea negarle a los prospectos el lujo de decir "lo voy a pensar"?

Busque la respuesta abajo.

COMPORTAMIENTOS

Reflexione sobre las últimas tres situaciones de "lo voy a pensar" con que se ha topado. Determine tres cosas que hubiese hecho, bien sea antes del evento o al momento de la indecisión del prospecto, que le hubiesen ayudado a obtener una clara decisión de Sí o No por parte del prospecto.

Respuesta: Tiene que sentirse cómodo en expresarle al prospecto que está bien decir "No". Tiene también que sentirse cómodo al escuchar y aceptar un "No".

David Mattson

REGLA
SANDLER #5

NUNCA CONTESTE UN PREGUNTA QUE NO LE HAGAN
"NEVER ANSWER AN UNASKED QUESTION"

¿Alguna vez introdujo un tópico que el prospecto no esperaba- y detuvo el curso de la negociación?

- Evite la pesadilla de los vendedores.
- Aprenda cómo malograr una venta.
- Identifique los peligros de "Con toda probabilidad se estará preguntando ..."

David invirtió tres meses en el desarrollo de una solución integrada de tecnología interna para un cliente potencial. Con efectividad orquestó las interacciones entre el equipo de compra de la compañía del prospecto y su equipo de ventas. Se definieron los objetivos del proyecto con precisión de rayo láser. Se identificaron y resolvieron todas las barreras potenciales para la implantación. Se establecieron tiempos y fechas límites. David

> DURANTE LA PRESENTACIÓN, ENFÓQUESE EN LOS ASUNTOS QUE USTED Y EL PROSPECTO DISCUTIERON-NADA MÁS.

y su equipo prepararon una propuesta completa y convincente. Estaba por completo confiado que obtendría el negocio-y tenía todas las razones para sentirse confiado.

En la presentación de la propuesta, David primero repaso los objetivos y requisitos del proyecto y reafirmó que éstos eran en los que se basaban la decisión de compra. David luego describió cada fase del proyecto-punto por punto. Después de cada punto, preguntaba a los miembros del equipo de compras si se sentían 100 por ciento cómodos con lo que presentaba. Todos afirmaron que lo estaban. David repasó los acuerdos financieros antes establecidos. Ningún problema con ese aspecto. David ya relajado confiaba que cerrarían la venta.

David aún no terminaba con su presentación cuando el líder del equipo de compras interrumpió, "David, ya no necesitamos ver nada más. Estamos listos para proceder con el proyecto. Queremos comenzar lo más pronto posible. Vamos a completar el papeleo."

Antes de que David suspirara de alivio y que sacara el contrato del maletín, un miembro de su equipo de apoyo técnico malogró el negocio.

El técnico se disparó y dijo, "Deberían saber que viene una actualización del programa de base de datos. Estamos a punto de terminar las pruebas iniciales. La versión final debe estar lista en 60 días"."

Se sintió un extraño silencio en todo el salón.

LA PREGUNTA QUE NO HACEN

Claro, en la mente del técnico, el equipo del prospecto *debió* de haber preguntado sobre las actualizaciones del programa. A pesar de que no preguntaron, entendía que era importante brindar una respuesta.

El técnico no era, claro está, un vendedor. Pero existen muchos vendedores que han contestado inoportunamente de forma similar a preguntas sin hacer en momentos críticos similares.

Se puede imaginar qué sucedió. La respuesta a una pregunta sin hacer del técnico malogró lo que era un "venta segura" y transformó todo en un desastre. El prospecto decidió esperar para firmar el contrato... y terminó con otra compañía.

¿Por que se malogró la venta? En el mundo de David, las actualizaciones de programas son cosa de todos los días, algo que se maneja de forma rutinaria con poco o ningún inconveniente para el cliente. El hecho de que David no lo mencionó y que su equipo sintió la necesidad de mencionarlo al último momento, levantó cierta sospecha en la "seguridad" de la propuesta.

El objetivo de una presentación es, valga la redundancia, presentar los aspectos del producto o servicio que atienda los asuntos y preocupaciones antes identificadas...nada más. No es momento para introducir elementos nuevos. Si durante una presentación, alguna vez dice algo como, "Con toda probabilidad, se estará preguntando...", y luego brinda una explicación sobre un elemento nuevo que se supone que añada valor a lo que ofrece, o incite al prospecto a comprar, es usted culpable de contestar una pregunta que no hicieron. ¡Si en realidad el prospecto "se está preguntado", hubiese hecho la pregunta!

Compruebe su Aprendizaje

Incluir elementos de "valor añadido" en la presentación que no se han discutido antes con el prospecto puede:

☐ A) Desviar la atención y el interés del los asuntos centrales de la presentación.

☐ B) Confundir al prospecto y darle una razón para posponer la decisión de compra.

☐ C) Establecer razones para que el prospecto no compre.

☐ D) Todas las anteriores.

Busque la respuesta abajo

Respuesta: Todas las anteriores.

COMPORTAMIENTOS

Identifique esos aspectos de su producto o servicio que por rutina incluye en las presentaciones para demostrar "valor añadido", haya o no preguntado el prospecto por los mismos. Luego, identifique dónde en el proceso de venta, antes de la presentación, puede introducir esos elementos de manera que "tantee el terreno" y determine la relevancia para la situación del prospecto-y su grado de interés en la discusión de estos aspectos.

REGLA SANDLER #6

NO INTENTE COMPRAR MAÑANA DE NUEVO EL PRODUCTO O SERVICIO QUE VENDIÓ HOY

"DON'T BUY BACK TOMORROW THE PRODUCT OR SERVICE YOU SOLD TODAY"

¿Alguna vez un comprador cambió de idea después de comprometerse con una venta?

- Lidiar con el remordimiento del comprador.
- "Obtener la orden y marcharse" no es la solución.
- Conceda al prospecto una oportunidad para arrepentirse.

En ocasiones un vendedor obtiene una decisión de compra de un prospecto un día, sólo para recibir al otro día una llamada del prospecto -antes de incluso procesar el papeleo- para informarle que la venta se ha detenido, o peor, que se ha cancelado. Quizás le ha sucedido esto.

¿Qué salió mal? Es obvio que el prospecto estaba dudoso. Quizás surgió una preocupación o una pregunta que no se contestó en una etapa anterior del proceso de venta. O tal vez, alguien cercano al prospecto le exigió que trabajara con otro proveedor o empresa.

Claro está, estas reversiones súbitas no es lo que exactamente el vendedor quiere tener. En algunos círculos, los vendedores de antaño se ingeniaban formas creativas para defenderse de este tipo de obstáculos: la estrategia de "obtener la orden y marcharse". Bajo esta estrategia, se suponía que usted cerrara la venta, firmara la orden de compra, y regresara a la oficina lo más pronto posible

> EXISTE UNA MANERA IDEAL DE SUPERAR "EL REMORDIMIENTO DEL COMPRADOR."

para procesarla. Luego era responsabilidad de otra persona asegurarse que se entregara el servicio o producto a la mayor brevedad- ¡antes que el cliente se arrepintiera!

OTRA MANERA

A pesar de que ese tipo de comportamiento no prevalece hoy día en las organizaciones de venta, es importante entenderlo. La estrategia de "obtener la orden y marcharse" se diseñó para evadir los efectos del remordimiento del comprador-que el prospecto tenga dudas con respecto a la decisión de compra que hizo y luego arrepentirse. Atrapar al cliente en una venta puede que asegure la venta, pero con toda probabilidad destruirá las oportunidades de establecer una relación a largo plazo .

En vez de intentar atrapar al comprador para que acepte el negocio, una mejor estrategia es hacer que el prospecto se sienta 100 por ciento cómodo con la venta propuesta *antes* "de firmar en la línea entrecortada"- y establecer que existe seguridad completa de que no habrá razones para arrepentirse.

¿Cómo logramos esto? En vez de repasar todas los elementos positivos- los beneficios y ventajas del producto o servicio- con la intención de reforzar la decisión del prospecto de seguir adelante con la venta, se le debe dar una oportunidad al prospecto para arrepentirse antes de "sellar" el trato. Leyó bien: ¡Dé al prospecto la oportunidad de arrepentirse! Llévelo a encarar sus decisiones y asegúrese que no tiene dudas. Si dentro del trato existen elementos que representan compromiso, señálelos y asegúrese que el prospecto se siente por completo cómodo con los mismos.

Esta estrategia logra tres cosas. Primero, mejora su credibilidad. Sólo una persona que está extremadamente segura de su producto o servicio y de la estructura de venta invitaría a un cliente potencial a reexaminar su decisión. Segundo, esta estrategia le brinda al prospecto la oportunidad de reafirmar la selección. Si existen dudas, el prospecto tiene una oportunidad de expresarlas dentro de un ambiente relajado. Tercero, si el cliente potencial tiene dudas, se pueden atender de frente, que por lo general es más efectivo, y mucho más fácil, que intentar atenderlas por teléfono.

A continuación un ejemplo de cómo hacerlo:

Usted: Roberto, estoy deseoso de trabajar con usted y su compañía. Mi personal técnico se puede reunir con su equipo de desarrollo la próxima semana. Antes de firmar el contrato y pautemos esa reunión, permítame preguntarle algo. ¿Qué podría surgir que provocara que me llame para decirme que detengamos el contrato?

Roberto: No puedo pensar en nada.

Usted: ¿Y está totalmente seguro que un itinerario de implantación de seis semanas en vez de cuatro, como usted deseaba, no va a ser un problema?

Roberto: Estoy seguro. Estamos deseosos de comenzar este proyecto pero dos semanas adicionales para la implantación son aceptables. Sigamos adelante.

Dar al prospecto una oportunidad para arrepentirse mientras usted está de frente para lidiar con sus preocupaciones o dudas es mejor que recibir un mensaje de voz que diga, "Aguante la orden. Lo llamo la próxima semana para explicarle"

COMPRUEBE SU APRENDIZAJE

¿Cuáles son los tres beneficios de lidiar con el remordimiento del comprador de inmediato antes de obtener compromiso de compra del prospecto?

Busque la respuesta abajo.

COMPORTAMIENTO

Identifique tres situaciones de venta donde surgió algún tipo de remordimiento después de haber "cerrado" la venta. Por cada una, identifique algo que pudiese haber dicho, preguntado o hecho para identificar el problema potencial y lidiar con el mismo al concluir cada presentación.

Respuesta: 1. Refuerza su credibilidad. 2. Brinda una oportunidad para atender cualquier asunto sin resolver que se haya puesto a un lado y olvidado. 3. Brinda al prospecto la oportunidad de lidiar con cualquier duda potencial y reafirmar la decisión de compra...mientras conversa con usted.

PARTE DOS:

EJECUTE

Haga lo que funciona.

REGLA SANDLER #7

NUNCA TIENE QUE GUSTARLE PROSPECTAR, SÓLO TIENE QUE HACERLO

"YOU NEVER HAVE TO LIKE PROSPECTING, YOU JUST HAVE TO DO IT"

¿Alguna postergó las actividades de prospectar...y como resultado se enfrentó con una crisis de ingresos?

- Enfóquese en el resultado final.
- Prospectar es un proceso de selección.
- Escudriñe su red.

El profesional de ventas que asegure que "le gusta" hacer llamadas o visitas en frío nunca ha hecho una.

¿Cómo podría gustarle a alguien un proceso donde se reciben tantos rechazos? Cuando los vendedores reclaman que les gusta prospectar, lo que pretenden decir es: "No me importa pagar el precio de prospectar para alcanzar mis objetivos". Muchos vendedores no han alcanzado esta etapa. Si todavía se encuentra en la etapa donde prospectar significa marcar números con la esperanza que la línea esté ocupada....o manejar por dos horas por el mismo sitio hasta ganar valor para visitar a un desconocido, no se preocupe. Usted está bien. Es que no ha aprendido a enfocarse en el resultado final...por el contrario, está enfocado en lo que tiene que hacer para alcanzar el resultado final.

¡ENCUENTRE AL PROSPECTO!

Prospectar es el simple acto de encontrar prospectos-las personas que necesitan su producto o servicio-que se esconden en un mar de sujetos. Tiene que mantenerse enfocado en la meta: encontrar prospectos. No puede desviar la atención por la cantidad de sujetos que se encontrará en el camino. Cuando prospecta, usted es como un equipo de rescate, que busca una pequeña balsa de sobrevivientes de un naufragio en el medio del vasto océano. El trabajo puede que sea prolongado y tedioso, pero la meta merece la pena y es gratificante.

Claro, en la tarea, el equipo de rescate se encontrará con toda clase de embarcaciones interesantes-veleros coloridos, yates imponentes, incluso uno que otro crucero- en la búsqueda de la balsa de sobrevivientes. ¡Esto no quiere decir que van a detener la búsqueda! De la misma forma, usted se topará con muchos sujetos interesantes, pero nunca debe detener la búsqueda del prospecto que lo necesita. Mantenga el enfoque en aquellas personas que califican para prospecto. El objetivo es *convertir* sujetos en prospectos, como si convirtiera un crucero en una balsa. El objetivo es simplemente desyerbar los sujetos que no califican para prospectos de la manera más rápida y eficiente posible.

Se topará con mucha más personas que no necesitan su producto o servicio (o que no admiten que lo necesitan) que con personas que sí lo necesitan. Habrá mucho más personas que no querrá hablar con usted que personas que querrán. Esta es la naturaleza del trabajo de ventas, no hay nada que lamentar.

Sin duda, las llamadas o visitas en frío no es la más gloriosa de las actividades de venta. Esto puede deberse al hecho de que toma lugar al principio del ciclo de venta, lejos de ver los resultados del esfuerzo. Sin embargo, glamoroso o no, es una actividad estratégica esencial que brinda control, aporta predictibilidad a los esfuerzos de venta.

Visitar o llamar en frío, al igual que otras actividades relacionadas a prospectar, es una actividad de *selección*- se trata de separar los prospectos de los sujetos, nada más ni nada menos. Cuando sea el momento de prospectar véase como un pescador que, luego de sacar la red del agua , regresa al mar todos los peces que son demasiado pequeños. Habrá días que sólo regresará al mar pocos peces. Sin embargo, algo que nunca debe olvidar hacer con consistencia que raye en obsesión, es escudriñar su red! ¡Después de todo ese es su trabajo!

COMPRUEBE SU APRENDIZAJE

Cierto o Falso:
Usted debe tener el hábito de enfocar su atención en los aspectos de prospectar con carga emocional a corto plazo.

Busque la respuesta abajo.

Respuesta: Falso. Si se enfoca en la carga emocional, el aspecto "desagradable" de prospectar-los rechazos inevitables que son parte del proceso y nada más-en vez de en el resultado final más distante, está destinado a la desilusión y la frustración.

COMPORTAMIENTOS

Si tiene la tendencia de ver la actividad de prospectar como desagradable y su percepción no es tan positiva, escriba una descripción detallada de los resultados beneficiosos que obtuvo en el pasado producto de "escudriñar su red". ¿Cuántos clientes nuevos identificó? ¿Cuál fue el valor total en dinero de las ventas que obtuvo con estos clientes? ¿Cuántos referidos consiguió?

Tomando en consideración los resultados beneficiosos descritos, añada tres o cuatro finales a la siguiente aseveración. Prospectar es una actividad agradable por que:

REGLA SANDLER #8

CUANDO PROSPECTE, CONCÉNTRESE EN CONSEGUIR UNA CITA

"WHEN PROSPECTING, GO FOR THE APPOINTMENT"

¿Alguna vez intentó recitar su "libreto de venta" a alguien que acababa de conocer?

- Prospectar no es vender.
- No piense dos veces.
- Utilice un modelo para las visita o llamadas de prospectar.

Prospectar es el grupo de actividades que se realizan para identificar usuario potenciales de sus productos o servicios- nada más ni nada menos.

Prospectar toma lugar antes y lleva al proceso de venta. No *es* vender. No es momento para discutir las características y beneficios, aspectos técnicos, ventajas y desventajas, precio, entrega, o cualquier otro elemento de 'venta" que tenga que ver con su producto o servicio.

Cuando contacte prospectos por teléfono, los visite, o converse con ellos durante una actividad de negocios, el objetivo es siempre el mismo: Entablar conversación con los prospectos potenciales sobre su producto o servicio, y determinar si tienen interés. Si lo tienen, proponga una cita para hablar en más detalle en otro momento. Estas conversaciones pudieran ser presenciales o por teléfono.

Si existe suficiente interés...haga la cita. Cualquier "venta" se dará *después que se haya calificado al prospecto*.

QUÍTESE EL PESO DE ENCIMA

"Conseguir una cita" le quita al vendedor y al prospecto un peso de encima. El vendedor no tiene que pensar dos veces qué aspectos del producto o servicio son apropiados mencionar. Y, debido a que no se tiene que enfrentar a un "libreto de venta" prematuro, el prospecto no tiene que poner un muro de defensa con evasivas y objeciones.

> PROSPECTAR NO ES VENDER. DE MANERA QUE NO VENTA-SÓLO CONSIGA UNA CITA.

A continuación un ejemplo de cómo conseguir una cita por teléfono.

Usted: Hola, le habla María Pérez. ¿Me podría decir quién es el presidente ejecutivo? (Espere por una respuesta) ¿Podría ser tan amable de pasarme con la Sra. Santiago? Muchas Gracias.

Usted: Sra. Santiago, le habla María Pérez de Tecnologías Evolución. ¿Es este un mal momento para conversar?

Sra. Santiago: No.

Usted: (Si hay una negativa:) Entiendo esta ocupada. Permítame preguntarle, ¿cuándo es un buen momento?

Usted: (Si no hay negativa:) Sra. Santiago, esta es una llamada de tanteo. Estoy seguro que no le gustan, a mí no me gustan hacerlas tampoco. Pero la razón de mi llamada tiene que ver con un servicio que le ofrecimos a las Industrias Jones que mejoró sus requisitos de cumplimiento con las regulaciones ambientales- a la vez que redujo los costos operacionales. Con la autorización de ellos y en el mejor interés de la industria, podemos compartir información con usted sin ningún compromiso para su compañía. Desconozco si su empresa sería muy grande o muy pequeña para este tipo de servicio, pero entiendo sería bueno que nos reunamos para discutir los detalles del servicio que ofrecemos. ¿Estaría dispuesta a considerar cómo podrían ayudarle a su compañía?

COMPRUEBE SU APRENDIZAJE

¿POR QUÉ NO SE DEBE CONFUNDIR PROSPECTAR CON VENDER?

BUSQUE LA RESPUESTA ABAJO.

Respuesta: Prospectar es el acto de identificar a aquellos individuos que tienen suficiente interés en su producto o servicio como para tener una conversación substancial con usted. Cualquier actividad de venta -tales como calificar la oportunidad, o discutir los diferentes aspectos del producto o servicio- tienen que tener lugar en conversaciones subsiguientes.

COMPORTAMIENTOS

Examine su enfoque hacia prospectar e identifique cualquier elemento del "libreto de venta"- características, funciones, y ventajas de su producto o servicio, compañía- que pudiera activar las defensas del prospecto. Por ejemplo: "Fabricamos la más confiable...", "Somos el más grande suplidor de..." y "Por más de veinte años hemos ofrecido el servicio más completo de..." Estas aseveraciones le dan señales al prospecto de que se avecina un "libreto de venta".

Convierta las características y ventajas en resultados beneficiosos que pudieran despertar la curiosidad del prospecto y motivar la conversación. Por ejemplo: 'Contratistas eléctrico en su región confían en nosotros para brindarles el más completo servicio de...." o "Algunas empresas del área han aumentado su clientela en un 14 por ciento gracias a nuestra ayuda".

REGLA SANDLER #9

CADA ACTIVIDAD DE PROSPECTAR SIN ÉXITO ES UNA ENSEÑANZA

"EVERY UNSUCCESSFUL PROSPECTING CALL EARNS COMPOUND INTEREST"

¿Utiliza usted experiencias de visitas o llamadas pasadas en las próximas visitas o llamadas?

- Usted tendrá más visitas o llamadas sin éxito que con éxito.
- ¿Qué clase de rechazos recibe?
- Aprenda con el tiempo.

No se puede ganar en todo- al menos, no cuando se trata de prospectar. No todo aquel a quien usted llame o visite necesitará o querrá su producto o servicio. Habrá quien necesite lo que usted ofrece pero no al momento. Otros no sabrán que necesitan lo que usted vende, a pesar de que está seguro que lo necesitan.

La realidad es que con toda probabilidad tendrá más visitas o llamadas sin éxito-que terminen con rechazos y evasivas- que con éxito. Pero puede aprender cosas de las visitas y llamadas sin éxito que contribuirán a que pueda ganar al cabo del tiempo. (Refiérase a la Regla #1: *Para ganar, usted tiene que aprender a fracasar.*)

> CADA VISITA O LLAMADA LE AYUDA A MEJORAR LA PRÓXIMA VISITA O LLAMADA.

Por ejemplo, supongamos que recibe el mismo rechazo una y otra vez- la respuesta pre programada que tienen los prospectos para espantar a los vendedores que venden lo que usted vende. Luego de ese tipo de llamadas o visitas, se puede preparar mejor y desarrollar un "ataque preventivo" propio.

Supongamos, por ejemplo, que usted vende paquetes de beneficios. En vez de comenzar la conversación con el propietario del negocio con una petición de revisar el programa de beneficios actual, o con aseveraciones sobre las ventajas que ofrece su compañía, que pudieran llevar a un rechazo, podría intentar lo siguiente:

Usted: Igual que la mayoría de propietarios de negocio, tan pronto hablo de programas de beneficios para empleados, posiblemente, me dirá, "Ya estamos trabajando con alguien" o "Tenemos eso cubierto". ¿Estaría dispuesto a poner esas frases a un lado por dos minutos mientras explico el por qué de mi visita- y luego decida si existe alguna razón para seguir conversando?

Al mencionar los rechazos primero, se disminuye el impacto de los mismos y le deja saber al prospecto que no van a funcionar con usted- que no les tiene miedo. Este enfoque le distingue de otros vendedores que se vieron obligados a "superar" los rechazos. Recuerde que esta estrategia está basada en lecciones que aprendió de visitas o llamadas anteriores.

¿CUÁL ES LA LECCIÓN?

Comprométase a aprender lecciones de cada visita o llamada y a aplicarlas en el futuro. No tienen que ser lecciones grandes. Tienen que ser cosas que podría hacer de forma más efectiva...o cosas poco productivas que debería evitar hacer. Las lecciones aprendidas, incluso en las visitas o llamadas sin éxito, con el tiempo le traerán muchas recompensas.

COMPRUEBE SU APRENDIZAJE

¿Cuáles son las tres ventajas de mencionar las objeciones en una visita o llamada de prospectar antes que le prospecto tenga la oportunidad de expresarlas?

Busque la respuesta abajo.

COMPORTAMIENTOS

Identifique las objeciones que más escucha de parte de los que toman decisiones al momento de prospectar. Desarrolle una introducción a la visita o llamada que 1) prevea esas objeciones y 2) motive la conversación.

Respuesta: 1. Debilita la objeción. 2. Lo diferencia de otros vendedores. 3. Elimina la necesidad de "pulsear" con el prospecto por una objeción.

REGLA SANDLER #10

DESARROLLE CONCIENCIA DE PROSPECTAR
"DEVELOP A PROSPECTING AWARENESS"

¿Se está perdiendo conversaciones con personas que pudieran comprarle?

- ¿Quienes son los sujetos y los prospectos?
- ¿Podría convertirse en un prospecto la persona sentada junto a usted en el autobús?
- Juegue el juego del "estanque de patos de hule".

Como debe saber ya, un *sujeto* es alguien a quien le podría vender, pero que de ninguna forma a hecho conexión con usted. Un *prospecto* es alguien con ha hecho conexión y que tiene interés de conversar en detalle sobre lo que usted vende. Conviene aclarar: La persona sentada junto a usted en el autobús del aeropuerto cuenta como sujeto. Esa persona muy bien *pudiera* convertirse en un prospecto...pero no lo sabrá hasta que decida entablar una conversación.

EN BUSCA DEL PATO DE HULE CORRECTO

¿Está familiarizado con el juego del "Estanque de patos de Hule". Se puede encontrar en la mayoría de las ferias. Hay un grupo de patos de hule que flotan dentro de una tina grande. Al pagar un boleto, se selecciona un pato. Debajo del pato hay un número que corresponde al premio que usted se "gana". En la mayoría de los casos, el premio no corresponde al valor del boleto. Pero usted continúa jugando, busca la forma de dar seguimiento a los patos que ya seleccionó, y con un poco de suerte, encuentra un pato con número que corresponde al enorme peluche que tiene un valor mayor al precio del boleto.

> LOS SUJETOS QUE ESTÁN A PUNTO DE CONVERTIRSE EN PROSPECTOS SE PARECEN MUCHO A LOS SUJETOS QUE ESTÁN A PUNTO DE DECIR "NO".

Prospectar es un "juego" similar. Este juego, como cualquier otro juego, tiene el objetivo de encontrar, dentro un grupo numeroso de *sujetos,* un grupo más reducido de *prospectos.* Los prospectos, contrario a los sujetos, han manifestado evidencia que son capaces de graduarse como clientes. Encontrar prospectos es el primer objetivo del juego de vender; encontrar prospectos es lo que le ayudará a ganar el premio mayor.

Igual que los patos de hule dentro de la tina, todos se parecen, los sujetos que están a punto de convertirse en prospectos son difíciles de distinguir de aquellos sujetos que no. Tiene que examinar cada sujeto para determinar si califica como prospecto. Claro está, en las actividades que realice para prospectar con grupos de sujetos, la búsqueda de prospectos, encontrará muchas personas que no calificarán como prospectos y otras que sí. Esta situación pudiera ser bien frustrante...*hasta* que llegue a reconocer que escudriñar entre sujetos es parte del proceso- un proceso que rendirá muchos frutos.

En esencia, prospectar no es tan diferente a seleccionar un pato de hule, ver el número, devolverlo a la tina, y luego seleccionar otro hasta encontrar el que tiene el premio mayor. En el caso de hacer llamadas en frío, esto quiere decir, ¡hacer una y otra vez, llamada tras llamada!

Claro está, prospectar no se limita a las llamadas. De hecho, existen oportunidades para prospectar en casi todas las situaciones sociales. En Sandler Training enseñamos a los vendedores a observar lo que llamamos "la regla de un metro", que significa que cualquier persona cercana representa una oportunidad de negocio potencial. Repetimos: ¡No sabrá que se encuentra a un metro de un prospecto...hasta que decida entablar una conversación!

El sujeto que entabla con usted una conversación en el autobús puede que no califique como prospecto...hoy. Pero pudiera revelar información que le brinde razones para llamarlo en el futuro cuando pudiera calificar como prospecto. Puede que conozca a otros sujetos que muy bien pudieran convertirse en prospectos. Cada intento le acerca más al "premio mayor". Cada sujeto con quien interactúa pudiera guiarlo a un prospecto y acelerar el proceso de venta.

Mientras más patos de hule seleccione-más consciente será de la capacidad que tienen los sujetos en convertirse en prospectos o de guiarlo hacia uno- ¡ y más deseoso estará de seleccionar el próximo pato de hule!

COMPRUEBE SU APRENDIZAJE

¿QUÉ DISTINGUE A LOS PROSPECTOS DE LOS SUJETOS?

Busque la respuesta abajo.

COMPORTAMIENTOS

Identifique al menos cinco oportunidades diferentes donde pudiera tener un sujeto cerca, iniciar una conversación y determinar que califica como prospecto. Por cada oportunidad, desarrolle diferentes formas de iniciar conversación.

Respuesta: Un sujeto pudiera tener un interés casual sobre su producto o servicio. Un prospecto es alguien quien muestra suficiente interés como para tener una conversación más detallada al respecto.

REGLA SANDLER #11

EL DINERO SÍ CRECE EN LOS ÁRBOLES

"MONEY DOES GROW ON TREES"

¿Consigue usted la cantidad suficiente de referidos?

- Cultive su red de contactos, de manera que no tenga que "comenzar de cero"
- Añada una rama.
- Riegue su árbol.

¡Hay que admitirlo!. Cuando se trata de desarrollar nuevos negocios, no es nada divertido tener que comenzar el ciclo de venta una y otra vez. Por fortuna, existe una manera mejor.

Dibuje una línea vertical recta en el centro de una hoja de papel. Al pie de la página, conecte esa línea con una línea horizontal. Ahora, cada vez que le venda a un prospecto, extienda una rama en la línea vertical. Este es su árbol de referidos. Esa rama que acaba de añadir es señal de crecimiento en ventas. ¡Del árbol crecen ramas por sí solas!

Si usted "trabaja de forma ardua" en vez de "trabajar de "forma inteligente" (refiérase a la Regla #34: *Trabaje de forma inteligente, no ardua*"), tendrá un árbol que más bien parecerá un tronco con ramas muertas. Cuando se trata de referidos, ¿qué quiere decir "trabajar de forma inteligente"?

El vendedor que "trabaja de forma inteligente" utiliza los referidos para sostener y apoyar el crecimiento de su árbol. Cada vez que este vendedor realiza una venta, pide un referido. Luego puede trabajar de "frío" a "caliente", al establecer una relación con el prospecto nuevo—una relación basada, al inicio, en trabajo que realizó en el pasado con su cliente. Cuando eventualmente le vende al prospecto nuevo, añade una rama al cliente que le dio el referido- ¡y pide al cliente nuevo un referido!

> No tiene que "comenzar en cero" cada vez.

Puede sentarse y ver el árbol crecer. Cualquier persona que "trabaja de forma ardua"- pero que genera pocos negocios y referidos- tendrá un árbol de referidos que se verá como los árboles muertos en invierno. Cualquier persona que "trabaja de forma inteligente" disfrutará de crecimiento consistente de referidos con cada venta—y comenzará nuevas relaciones de negocio a través de los referidos.

Los vendedores principiantes odian pensar en prospectar porque significa comenzar cada vez "en frío!". Los profesionales que saben cómo "trabajar de forma inteligente" son *expertos* en trabajar con el *árbol de referidos*. Invierten más tiempo en comenzar el ciclo de venta con oportunidades que son "frías", "tibias" e incluso "calientes"

Existe un bono adicional en todo esto. ¡Incluso las visitas o llamadas "en frío" que se generen del árbol de referidos son mucho más fáciles que las que se realizan "en frío" de forma tradicional! Reflexione sobre lo siguiente. ¿Prefiere usted contactar a Fulano de Tal por referido de alguien o sin referido? Claro está es preferible poder decir algo como: "Estoy llamando a Fulano de Tal, Fulana de Tal me pidió que lo llamará. ¿Me podría comunicar con él, por favor?" ¡Con toda probabilidad Fulano de Tal tomará la llamada!

A continuación un consejo garantizado que le generará mucho dinero: ¡Cada vez que realice una venta, escriba una carta o envíe un correo electrónico a *todos* los clientes que se encuentran en la rama que le llevo a esa venta, con agradecimientos hacia la persona que le brindó el referido! Riegue su árbol de referidos al dejar saber a los clientes que los aprecia. ¡El dinero sí crece en los árboles!

COMPRUEBE SU APRENDIZAJE

¿Cuáles son las dos ventajas de cultivar un "bosque" de referidos?

Busque la respuesta abajo.

COMPORTAMIENTOS

Identifique seis clientes con quienes comenzar a plantar un "bosque" de referidos. Establezca fechas para reunirse con ellos- y plante árboles de dinero.

Respuesta: 1. No tiene cada vez comenzar en frío las visitas o llamadas para prospectar. 2. Hay mayores probabilidades que los prospectos lo reciban y conversen con usted.

REGLA SANDLER #12

CONTESTE CADA PREGUNTA CON UNA PREGUNTA
"ANSWER EVERY QUESTION WITH A QUESTION"

¿Alguna vez respondió a una pregunta del prospecto y deseó no haberla contestado?

- Encuentre la intención detrás de la pregunta del prospecto.
- NO conteste de forma automática.
- Se pone presión a sí mismo cuando tiene el hábito de contestar "de forma directa"

Oiga, ¿qué significa esa regla?
¿Por qué pregunta?
¿No es obvio?
¿Qué quiere decir con "obvio"?
¿Por qué no contesta mi pregunta?
¿Qué le hace pensar que no contestaré su pregunta?
¿No está ahora evitando mi pregunta?
¿Lo estoy?

No, no debería utilizar esta regla para jugar con el prospectos juegos tontos. Pero detrás de la regla hay un concepto válido: Por lo general, los prospectos, de entrada, no hacen la pregunta real. (Refiérase a la regla #38 *El problema que el prospecto presenta nunca es el problema real*). Por el contrario, el prospecto hace una pregunta que lanza una "cortina de humo" que esconde la pregunta real y su intención. Al contestar la pregunta de "cortina de humo" de forma directa, en vez de responder con una pregunta, se toma el riesgo de limitarse a sí mismo.

¿QUÉ SE SUPONE QUE LA PREGUNTA DEL PROSPECTO BUSQUE?

A continuación un ejemplo. Braulio representa a una firma de mercadeo y relaciones públicas. Se reúne con el propietario de un restaurante nuevo para discutir la campaña de publicidad. El propietario pregunta, "¿Cuánta experiencia tiene su firma en crear campañas de publicidad para restaurantes?". La compañía de Braulio tiene una vasta experiencia con restaurantes. De manera que Braulio contesta con confianza: "En realidad, tenemos bastante experiencia con restaurantes. Hemos creado varias campañas que han sido bien exitosas". El prospecto entonces replica, "Bueno, espero que no esté planeando presentar las mismas ideas recicladas".

> NO SE LIMITE A SÍ MISMO. ENCUENTRE LA INTENCIÓN DETRAS DE LA PREGUNTA QUE LE HICIERON.

Puede que Braulio se recupere, pero fíjese en toda la presión que se puso sobre sí por no encontrar la intención detrás de la pregunta del prospecto antes de contestar. Si hubiese descubierto la intención real detrás de la pregunta del propietario, Braulio hubiese podido ofrecer una contestación más apropiada a la pregunta *real*. Démosle a Braulio otra oportunidad. Supongamos que respondió a la pregunta de cortina de humo que hizo el propietario con otra pregunta.

Propietario: ¿Cuánta experiencia tiene su firma en crear campañas de publicidad para restaurantes?

Braulio: Esa es una excelente pregunta. ¿Y pregunta eso por ...?

Propietario: Somos un restaurante único en su clase- nuestro menú y nuestras instalaciones son únicas- queremos asegurarnos que la campaña refleje eso .

Braulio: Eso tiene mucho sentido. Lo mejor es que primero le mencione que reconocemos que cada proyecto tiene una serie de variables distintivas. Cada proyecto tiene que apoyar el mensaje del cliente, con el tema correcto, material de publicidad correcto y la imagen correcta. Sabemos que no existen dos restaurantes iguales, por tanto no hay dos campañas que sean las mismas.

Braulio no contestó la pregunta de cortina de humo que hizo el propietario; por el contrario, contestó la pregunta real.

En el ejemplo, Braulio descubrió con rapidez la pregunta real. En ocasiones toma dos o tres preguntas para descubrir la pregunta real del prospecto.

Además, note que Braulio no se limitó a "disparar" su respuesta. Primero reconoció al propietario por la buena pregunta, y luego ofreció un pregunta apropiada y bien pensada.

¿Habrá ocasiones en que debería usted contestar la pregunta del prospecto y no responder con una pregunta? Claro que sí- cuando esté seguro que la contestación le ayudará, o que al menos no le hará daño. Por ejemplo, si un prospecto pregunta, "¿.Qué hora es?", responderle, "Buena pregunta...¿por qué pregunta?" con toda probabilidad provocará que el prospecto le mire de forma rara.

COMPRUEBE SU APRENDIZAJE

¿Cuál es el mayor peligro de ofrecer una contestación directa a la pregunta del prospecto?

Busque la respuesta abajo.

COMPORTAMIENTOS

Recuerde tres situaciones de venta donde usted brindó a un prospecto una contestación detallada a una pregunta de "cortina de humo". Formule respuestas que le hubiesen ayudado a descubrir la intención real detrás de la pregunta del prospecto.

Respuesta: A menos que entienda la intención real de la pregunta, o sea la pregunta real, se toma el riesgo de brindar una contestación que le limitará y lo pondrá en una posición de venta desfavorable.

REGLA SANDLER #13

NO LEER MENTES
"NO MIND READING"

¿Alguna vez hizo una PRESUNCIÓN sobre un prospecto que terminó siendo irreal?

- No presuma hechos que no se han evidenciado.
- No malinterprete lo que lea entrelineas.
- Pregunte por lo que quiso decir el prospecto.

Un prospecto dice, "Esto se ve muy bien. Creo que hay una excelente oportunidad para hacer negocio." El vendedor piensa, "¡Logré la venta!"

Otro prospecto dice, "Esperábamos un tiempo de entrega más corto." El vendedor piensa, "Tengo que trabajar esta orden como entrega inmediata si quiero lograr esta venta"

Todos los vendedores son culpables de *"leer las mentes"*- presumir hechos que no se han evidenciado y malinterpretar lo que se lee entrelineas.

En el primer ejemplo, ¿qué quiere exactamente decir *una excelente oportunidad?* No tenemos la menor idea. Tendríamos que averiguar. De igual forma, ¿lo que expresó el prospecto de *esperábamos* por un tiempo más corto de entrega era en realidad una *exigencia,* o sólo un pensamiento en voz alta sobre la posible necesidad de un ajuste en el itinerario? No ha manera de saber a menos que se clarifique.

Cuando un prospecto utiliza palabras o frases que son vagas, pida una explicación. Por ejemplo, hubiese sido apropiado que el vendedor le preguntara primero al prospecto qué en realidad quería decir "una excelente oportunidad".

> OBTENGA LOS HECHOS.

Un primer paso para determinar el significado detrás del comentario del segundo prospecto pudiera ser, "Y me menciona eso porque...?"

No salte a conclusiones. Obtenga los hechos.

"ME DEBE DECIR ESO POR ALGUNA RAZÓN."

Cuando el prospecto de Roberto dijo, "*Ya estamos trabajando con un suplidor*", Roberto respondió con una lista extensa de los beneficios de comprar a su compañía en vez que a otros suplidores. Algunos de los beneficios de la lista eran por completo irrelevantes para el mundo del prospecto.

Un mejor diálogo por parte de Roberto pudo haber sido el siguiente:

Prospecto: Ya estamos trabajando con un suplidor.
Roberto: Me debe decir eso por alguna razón.
Prospecto: Bueno, hemos hecho negocio con ellos por varios años.
Roberto: ¿Que quiere decir que ...?
Prospecto: Estamos satisfechos con el servicio.
Roberto: ¿Y que ...?
Prospecto: Y que no existe razón para que cambiemos.
Roberto: ¿Y por lo tanto...?
Prospecto: Bueno, no estoy seguro. Supongo que el control de calidad es un factor, tuvimos en el pasado más cantidad de productos defectuosos en las entregas que los que hubiera querido ver el presidente ejecutivo.

¡Ahora Roberto tiene algo de qué hablar! Al *responder* a la aseveración del prospecto con una aseveración o pregunta, Roberto fue capaz de evitar leer mentes y revelar la intención de la aseveración original- el respeto que siente el prospecto por la relación de varios años con el suplidor actual- y descubrir una puerta de entrada para la discusión.

Nadie puede saber lo que piensa el prospecto. ¿No vale la pena hacer varias preguntas para averiguar?

(Refiérase además a la Regla #12, *Conteste a una pregunta con una pregunta,* y a la Regla #38, *El problema que presenta el prospecto, nunca es el problema real.*)

COMPRUEBE SU APRENDIZAJE

¿Por qué hay mayor posibilidad que un vendedor veterano viole esta regla a que la viole un vendedor nuevo en la profesión?

Busque la respuesta abajo.

COMPORTAMIENTOS

Identifique dos aseveraciones "evasivas" o "de objeción" tales como, "Su precio es muy alto", o, "su compañía no está en nuestra lista de suplidores autorizados." Escriba dos o tres razones convincentes sobre por qué el prospecto pudiera hacer cada aseveración. Luego desarrolle varias preguntas que usted podría hacer para ayudarle a descubrir el verdadero significado de cada aseveración.

Respuesta: Los vendedores veteranos tienen más experiencia con la cual relacionar cada situación, lo que facilita que salten a conclusiones antes de descubrir los hechos relevantes sobre el prospecto.

REGLA SANDLER #14

UN PROSPECTO QUE ESCUCHA NO ES DEL TODO UN PROSPECTO

"A PROSPECT WHO IS LISTENING IS NO PROSPECT AT ALL"

¿Alguna vez habló tanto que malogró una venta?

- ¿Usted "vende"... o "habla"
- Identifique el problema potencial.
- Haga que el prospecto hable... ¡luego, guarde silencio!

BLABLABLABLA

A continuación un principio de venta confiable: Durante toda reunión de venta el prospecto es quien debería hablar la mayoría del tiempo y el vendedor es quien debería escuchar la mayoría del tiempo. Este principio es en especial importante durante las reuniones de venta iniciales.

David Sandler sugirió que el prospecto debería hablar cerca del 70 por ciento del tiempo. Sin embargo, por lo general, sucede lo contrario. El vendedor siente la necesidad de hablar sobre todas las características, beneficios y los exclusivos elementos de venta de su producto o servicio dentro del tiempo permitido...con la intención de "capturar el interés del prospecto."

Si el prospecto sólo necesita una descripción de los detalles técnicos del producto o servicio, lo que tiene que hacer es visitar la página de internet o leer algún folleto promocional.

¿"VENDER" – O "HABLAR?"

"Vender" no se trata de "hablar". Se trata DE ayudar al prospecto a relacionar su producto o servicio con la satisfacción que quiere y necesita. Se trata también de ayudar al prospecto a descubrir necesidades que no ha identificado. ¿Cómo se logra esto? Mediante preguntas bien pensadas y estimulantes para luego escuchar...*realmente* escuchar.
Examinemos la diferencia. Hablar en ventas suena como:

> "Nuestra programa analiza los costos de almacenamiento y distribución en relación con los patrones de venta regionales e identifica las áreas de ahorro de costos. En más de un 72 por ciento de estudios realizados en los últimos 12 meses, descubrimos que el ahorro promedio es entre un 18 y un 34 por ciento en diferentes industrias. Blablablabla confiable. Blablabla de retorno de inversión. Blablabla de apoyo técnico 24 horas."

¿Informativo? Hasta cierto punto. ¿Estimulante? No del todo. ¡Mejor hubiese sido que le entregara al prospecto un folleto y que lo leyeran juntos!

Vender requiere que usted *capte* al prospecto. Puede educar y incitar el interés de forma más efectiva mediante preguntas bien pensadas y estimulantes que a través de recitar las características y beneficios. A continuación un ejemplo de venda mediante una pregunta para captar al prospecto:

> PUEDE ABRIR LOS OÍDOS O LA BOCA, PERO NO AMBOS A LA VEZ.

"¿Si tuviera una manera de analizar los costos de almacenamiento y manejo, y los pudiera comparar con los patrones de venta regionales de forma que determine con exactitud cuánto dinero malgasta por exceso de capacidad...que supone que encuentre?"

¡Informativo...y estimulante! Esta clase de preguntas lleva al prospecto a señalar el problema potencial específico-inversión malgastada por exceso de capacidad. Estimula una conversación sobre cuán útil sería tener la capacidad de analizar la situación de forma confiable. Motiva al prospecto a hablar.

Cuando estimule al prospecto a hablar, cierre la boca; no interrumpa. Puede abrir los oídos o la boca, pero no ambos a la vez. Deje que el prospecto termine, luego haga preguntas o comentarios. Y no piense lo que va a decir hasta que el prospecto termine de hablar. ¡Si piensa lo que va a decir...no escucha!

Usted puede perder una venta por hablar demasiado. Pero nunca, perderá una venta por escuchar demasiado.

COMPRUEBE SU APRENDIZAJE

¿POR QUÉ HACER PREGUNTAS ES UN ENFOQUE MÁS EFECTIVO PARA CAPTAR LA ATENCIÓN DEL PROSPECTO QUE HABLAR SOBRE LAS CARACTERÍSTICAS Y VENTAJAS DE SU PRODUCTO O SERVICIO?

BUSQUE LA RESPUESTA ABAJO.

COMPORTAMIENTOS

POR CADA ASPECTO IMPORTANTE DE SU PRODUCTO O SERVICIO, DESARROLLE UNA PREGUNTA PENSADA Y ESTIMULANTE QUE SEA MÁS QUE INFORMATIVA Y QUE MOTIVE A HABLAR AL PROSPECTO.

Respuesta: Cuando presenta características y ventajas, el prospecto está en modo pasivo-escucha (con suerte). Cuando hace preguntas pensadas y estimulantes que el prospecto tenga que responder, éste se involucra en la interacción-deja de ser un espectador.

REGLA SANDLER #15

LA MEJOR PRESENTACIÓN DE VENTA QUE USTED DARÁ, EL PROSPECTO NUNCA LA VERÁ

"THE BEST SALESPRESENTATION YOU WILL EVER GIVE, THE PROSPECT WILL NEVER SEE"

¿Alguna vez a ofreció una presentación que dejó al prospecto con la necesidad de "pensarlo"?

- Continuación de Hablar versus Vender.
- Las preguntas llevan al descubrimiento.
- "Por lo general, cuando hablo con personas con situaciones parecidas, la conversación gira entorno de A o B ... "

En una ocasión, cuando se presentó esta regla durante una sesión de capacitación, un participante levantó la mano y preguntó, "¿Se refiero eso a que todas las presentaciones deben ser verbales...sin materiales escritos o visuales?"

No. ¡Definitivamente eso no es lo que la regla significa!

Lo que intenta aclarar la reglas es: Usted debe ayudar al prospecto a *descubrir por sí mismo* las mejores razones para comprar. ¿Cómo sucede esto? No mediante hablar o explicar, sino mediante *preguntas* que eduquen al prospecto y lo guíen a ese descubrimiento.

Algunas personas piensan que la actividad de presentar es para convencer a alguien a comprar. ¿Será así? Considere la siguiente pregunta: ¿No debería el prospecto descubrir las mejores razones para comparar *mucho antes* de la presentación?

Es poco probable que el prospecto vea como una presentación este proceso de identificar las mejores razones para comprar *mediante un diálogo de preguntas y respuestas*. Sin embargo, es más crucial para el cierre de la venta que cualquier espectáculo que usted pueda montar-de ahí, "la presentación que el prospecto nunca ve"

> AYUDE AL PROSPECTO A DESCUBRIR LAS MEJORES RAZONES PARA COMPRAR... ANTES DE PRESENTAR.

A continuación un ejemplo del comienzo de un presentación "oculta":

Vendedor: Por lo general, cuando hablo sobre eficiencias de producción con propietarios de instalaciones de manufactura como la suya, la conversación gira entorno a uno de dos áreas-aumento de producción sin aumento de defectos, disminución del costos de producción sin sacrificar la calidad. ¿Cuál de las dos es más importante para usted?

Note que el vendedor combinó una historia con una pregunta, basado en el conocimiento sobre la industria y las capacidades de su compañía. Se enfocó en dos áreas de pericia específicas, y guió la conversación directo hacia esas áreas, ninguna otra. Luego de que el propietario seleccione entre las opciones A o B, el vendedor dirá, "Hábleme más al respecto". Ese enfoque provoca que el prospecto hable sobre el área de interés del vendedor. ¡No sobre *cualquier* área- sino sobre un área que sea compatible con las capacidades de la compañía del vendedor!

Durante la presentación "oculta" subsiguiente, el vendedor hará preguntas adicionales que continúan educando al prospecto y se enfocan en los aspectos del servicio que brinda la compañía del vendedor.

A continuación algunos ejemplos:

Vendedor: Si analizara el impacto de los procesos de pre producción del material crudo en el tiempo y cantidad de producción, ¿qué cree que encontraría?

Vendedor: Si su equipo de producción tuviera la capacidad para integrar los procesos de maquinaría y pulido, ¿cómo eso impactaría la producción total?

Una vez que haya identificado los resultados positivos que aportaría su producto o servicio, puede entonces formular preguntas para hacer una conexión con esos resultados-preguntas que le permitan al prospecto descubrir por sí mismo los beneficios de esos resultados. Cuando el prospecto descubra que tiene sentido trabajar con usted *antes* de la presentación, estará vendiendo a otro nivel-al hacer "presentaciones" espectaculares que el prospecto nunca verá.

David Mattson

COMPRUEBE SU APRENDIZAJE

¿POR QUÉ EL PROSPECTO NO "VE" LA PRESENTACIÓN REAL?

BUSQUE LA RESPUESTA ABAJO.

COMPORTAMIENTOS

OFREZCA UNA PRESENTACIÓN ESPECTACULAR... ANTES DE OFRECER LA PRESENTACIÓN. DESARROLLE POR LO MENOS CINCO PREGUNTAS DE "TANTEO" PARA MEDIR LA NECESIDAD Y DESEO REAL DEL PROSPECTO POR LOS RESULTADOS QUE APORTARÍAN SU PRODUCTO O SERVICIO.

Respuesta: El prospecto no "ve" la presentación real debido a cuatro razones: 1. Tiene lugar temprano en el proceso de venta, cuando todavía se define la oportunidad. 2. La dinámica se da con preguntas, en vez que con demostraciones y explicaciones. 3. Se enfoca en el prospecto y sus problemas, retos y objetivos. 4. El prospecto se involucra tanto en el interés propio que no percibe que las preguntas lo hacen llegar a conclusiones.

REGLA SANDLER #16

NUNCA PIDA QUE EL PROSPECTO SOLICITE LA ORDEN-HAGA QUE "DESCARTE OTRAS OPCIONES"

"NEVER ASK FOR THE ORDER – MAKE THE PROSPECT GIVE UP"

¿Alguna vez perdió un negocio-por intentar "cerrarlo"?

- ¿Debe usted "siempre solicitar la orden"?
- Moverse hacia una decisión mutua.
- El arte de hacer que el prospecto "descarte" otras opciones.

A la mayoría de los vendedores se les enseña a "siempre solicitar la orden de compra". Solicitar la orden pudiera ser una estrategia aceptable como último recurso, pero no debiera ser una práctica común. Inclina la balanza a favor del prospecto. Lo coloca un poco arriba y a usted un poco abajo.

> SI SE VE OBLIGADO A SOLICITAR LA ORDEN, ENTONCES EL NEGOCIO NO ES DE DECISIÓN MUTUA.

Si solicita la orden, entonces no es un negocio de decisión "mutua"...un reconocimiento mutuo de los beneficios que conforman la relación de negocio. Solicitar la orden es como pedir un favor, lo deja debiendo algo al cliente nuevo.

"Hacer que el prospecto descarte" no significa "presionar al prospecto a solicitar la orden". Eso también resultaría en una inclinación de la balanza. Lo que se hace es ayudar al prospecto a detener la búsqueda y "descartar" otras alternativas para concentrarse en lidiar con las preocupaciones que su producto o servicio atiende. Usted facilita la decisión del prospecto de "descartar" cualquier duda que tenga sobre si el producto o servicio que usted ofrece es el más compatible con su situación .

Continuemos con el ejemplo de la regla anterior:

Vendedor: Si su equipo de producción tuviera la capacidad para integrar los procesos de maquinaria y pulido, ¿cómo eso impactaría la producción total?
Prospecto: Estoy seguro que tendría un impacto positivo, pero hasta qué grado ... No sé.
Vendedor: ¿Tendría algún valor conducir un estudio para determinar el impacto en la producción?
Prospecto: Supongo que sí.
Vendedor: Podemos hacer eso. La inversión no será significativa y el reporte le brindará la información que necesita para re configurar la línea de producción. ¿Es eso algo que usted desea que hagamos?
Prospecto: Sería un buen primer paso.
Vendedor: ¿Cómo hacemos para comenzar?

Note que el vendedor no presionó para "cerrar" y continuó haciendo preguntas al prospecto hasta guiarlo hacia una decisión con convicción para invertir en el estudio inicial. La pregunta final- ¿Qué hacemos para comenzar?- fue una solicitud de un profesional a otro, no una súplica de parte de un subordinado a un superior. (El vendedor pudo haber preguntado también, "¿Qué hacemos ahora?")

¿Es en realidad tan fácil? Sí ... y no.

Existen algunos pre requisitos para poder utilizar este tipo de estrategia. Hay que crear vínculos de confianza con el prospecto que le invite a tener una discusión abierta con usted. Además, tiene que ser lo suficiente conocedor de su producto o servicio como para poder saber la mejor dirección hacia donde guiar al prospecto.

Haga un inventario. Identifique las situaciones en las que usted más se involucra. Luego, identifique las soluciones más apropiadas para esas situaciones. Luego, desarrolle las preguntas que guiarán los prospectos hacia esas soluciones. Practique, practique, practique...hasta que pueda hacer las preguntas de forma casual y espontánea.

Para finalizar – después de hacer todo eso y construya las bases de la relación- pregunte al prospecto por los pasos a seguir, de un colega a otro.

COMPRUEBE SU APRENDIZAJES

¿Cuál es el impacto psicológico que tiene en el vendedor solicitar una orden de compra?

Busque la respuesta abajo.

COMPORTAMIENTOS

Piense en por lo menos dos situaciones donde ha solicitado una orden de compra, en vez de finalizar una relación de negocios nueva de colega a colega. Desarrolle y practique preguntas que hubiesen podido guiar al prospecto a la conclusión de que lo que usted ofrecía era la mejor solución para la situación en cuestión.

Respuesta: Inclina la balanza hacia la dirección incorrecta. Coloca al prospecto un poco arriba en una posición donde le concede el "favor" al vendedor de completar la orden.

REGLA SANDLER #17

EL PROFESIONAL HACE LO QUE HACÍA CUANDO ERA UN APRENDIZ - A PROPÓSITO

"THE PROFESSIONAL DOES WHAT HE DID AS A DUMMY – ON PURPOSE"

¿Usted de forma rutinaria rompe esos silencios incómodos?

- ¿Es para su mejor interés lo que está a punto de decir o hacer?
- Espere durante el silencio.
- Venda como un doctor

David Sandler siempre enseñó que no se debe hacer una pregunta, decir una aseveración, o comportarse de cierta forma a menos que sea para el mejor interés de lograr la venta. También enseñó, como regla general, que una buena conversación de venta es aquella donde el prospecto habla el 70 por ciento del tiempo.

Con ambos principios presentes, considere esta pregunta: ¿Cómo lograr que el prospecto hable el 70 por ciento del tiempo? A continuación una contestación: Sepa cuándo contestar una pregunta con una pregunta (Refiérase a la Regla #12: *Conteste cada pregunta con una pregunta*), luego pare de hablar. En otras palabras, actúe tonto como un aprendiz- a propósito.

Tiene que tener el valor de hacer la "pregunta tonta del aprendiz". ¡Luego *espere durante el silencio!*

Por ejemplo:

Prospecto: Tengo que decirle: El precio de la competencia es mucho mejor que el suyo.
Usted: Muy bien. ¿Terminamos ya? (¡Ahora espere durante el silencio!)

Si mantenerse callado en tal situación le hace sentir incómodo o poco profesional, no debería ser así. Piense en la relación que tiene con el doctor de familia. ¡Los doctores son los mejores en utilizar la estrategia de "contestar una pregunta con una pregunta"! Su doctor con frecuencia contestará una pregunta con una pregunta- y cuando lo hace, ¡cuente con que esperará hasta que consiga la contestación directa antes de recomendar algún tratamiento!

> COMIENCE LA VENTA DE NUEVO CON LA PREGUNTA "¿TERMINAMOS YA?"

¿Qué sucede cuando usted llega a la oficina del doctor quejándose de un hombro adolorido? Luego de escuchar sus quejas, ¿acepta el doctor su diagnóstico? No. Hace una serie de preguntas... y luego espera por sus respuestas. Sería difícil confiar en un doctor que hace una pregunta a su paciente, y luego de forma nerviosa rompe el silencio para cambiar el tema antes de recibir una respuesta.

Otro ejemplo de la técnica de "tonto como aprendiz", es la antigua serie de televisión *Columbo*. El detective está a punto de salir por la puerta... de pronto se detiene y hace una pregunta más, una pregunta "tonta" por la cual se excusa por hacer. *Espera por una contestación.* Luego de una serie de preguntas que aparentan ser "tontas", Columbo tiene a la parte culpable casi atrapada. ¡Otra "tontería" exitosa!

"¿Terminamos ya?" es una pregunta "tonta" clásica. (Refiérase también a la Regla #31 *Cierre la venta o Cierre el archivo*) La contestación a "¿Terminamos ya?", si espera, le dirá con precisión qué está sucediendo con la relación, y con frecuencia lo llevará a recuperar su posición.

Sin embargo, en ocasiones, hacemos lo opuesto a preguntas "tontas", preguntas que son demasiado inteligente como para que contribuyan con algo. Por ejemplo: "¿ Tomó usted en consideración las nueve categorías de equipo que cubre nuestro plan de servicio antes de decidir que éramos más caros que la competencia?" Es fácil para los vendedores tomar ese camino cuando han vendido por un tiempo y saben mucho sobre las características de sus productos o servicios. Se sienten tan orgullosos del conocimiento que tienen que no pueden esperar para compartirlo con alguien que les escucha.

Esto nos trae a una de las ironías de nuestra profesión. Al comienzo de nuestra carrera, hacíamos a los prospectos más preguntas "tontas". Luego, al pasar de los años, cada vez nos sentimos más seguros de lo que hacíamos y absorbimos más conocimiento sobre el producto, que teníamos, de alguna forma, que compartir con nuestros prospectos.

Si no nos percatamos, nuestro conocimiento sobre el producto, y la seguridad que sabemos con exactitud qué decir y hacer, puede abrumar el proceso y evitar que hagamos las preguntas "tontas". Por lo general, cuando esto sucede, ¡comenzamos a ser quienes hablamos más en las reuniones de venta!

Con suerte, podemos aprender a hacer preguntas tontas de aprendiz y a regresar a la tarea *escuchar* al prospecto la mayoría del tiempo.

Esa es la mejor manera de hacer un diagnóstico médico...la mejor forma de resolver un caso criminal difícil...y, eventualmente, la mejor manera de forjar una relación de negocios.

COMPRUEBE SU APRENDIZAJE

¿POR QUÉ ES INTELIGENTE HACER PREGUNTAS "TONTAS"?

Busque la respuesta abajo.

COMPORTAMIENTOS

Identifique tres situaciones de venta donde pudiera tender a hablar mucho. Desarrolle preguntas "tontas" que pudiera hacer en esas situaciones para desviar la atención hacia los prospectos y permitirles explicar o abundar sobre la situación.

Respuesta: Hacer preguntas "tontas" le brinda la oportunidad al prospecto de hablar-explicar y abundar sobre su posición. Si logra que el prospecto hable, con toda probabilidad conocerá lo que necesita saber para cerrar la venta.

REGLA SANDLER #18

NO PINTE "GAVIOTAS" EN EL CUADRO DEL PROSPECTO
"DON'T PAINT "SEAGULLS" IN YOUR PROSPECT'S PICTURE"

¿Alguna vez se le ocurrió una "gran idea" que malogró una venta?

- ¿Al fin y al cabo, de quién es el cuadro?
- Haga preguntas que lo mantengan a salvo.
- Permita que sea el prospecto quien ponga las gaviotas en el cuadro.

Norma es estudiante de segundo grado de una escuela pública. Durante la clase de arte, termina de pintar un cuadro. Para su estatus de "artista joven prometedora", el cuadro de la casa y el sol que creó era bastante bueno. Sin embargo, era obvio, que estaba desbalanceado debido a que todo estaba al lado izquierdo del lienzo.

> HAGA QUE SU GRAN IDEA SEA LA GRAN IDEA DEL PROSPECTO.

La maestra de Norma, observa el cuadro y dice, "Norma, de verdad que es una pintura buena. Sin embargo, necesita algo en el lado derecho." Procede entonces a tomar una brocha y a pintar una gaviota en la esquina superior derecha del cuadro de Norma.

Esa noche, Norma se encontraba callada y retraída. Durante la cena el padre de Norma le preguntó qué andaba mal. Ella sacó la pintura que ahora estaba doblada en un pequeño cuadro. El padre con cuidado desdobló la pintura y la examinó. "Norma, es bastante buena" dijo. "En especial me gusta la gaviota". Norma corrió a su cuarto enternecida en llanto.

Luego de enterarse que la gaviota de la maestra era el origen del problema de Norma, el padre decide quejarse con la maestra de arte, y para defenderse, ésta recitó la extensa cantidad de credenciales que tenía en temas de arte. El cuadro, insistió, necesitaba algo en el lado derecho. Poco satisfecho con la maestra, la próxima cita del padre fue con el principal; la cita subsiguiente fue con un abogado.

Luego de una larga batalla el conflicto terminó en los tribunales, acompañado de testimonios concernientes a la libertad de expresión, el rol de un educador, la naturaleza de la angustia mental, etc. Luego de escuchar a ambas partes, el juez le preguntó a Norma por qué se molestó tanto con la gaviota. La niña contestó, "Por que no la vi en mi cuadro". Caso cerrado, con una decisión a favor de Norma.

El punto es, el prospecto tiene un cuadro mental de sus necesidades *antes* de comenzar la reunión de venta. Cada cambió o adición que usted haga al cuadro podría causar que el prospecto se sienta tan incómodo como se sintió Norma. Cada cambio que usted haga al "cuadro total" que el prospecto tiene le da razones al mismo para desconfiar- o rechazar- su producto o servicio. Si hay que hacer un cambio o adición al cuadro del prospecto para cumplir con ciertos requisitos, tiene que buscar la forma de presentarlo de manera indirecta. En otras palabras, tiene que buscar la proponerlo de manera que el prospecto descubra la necesidad del cambio y cómo llevarlo a cabo.

¿Cómo se lleva al prospecto a descubrir la necesidad de los cambios? Si prestó atención a algunas de las reglas anteriores, ya sabrá la respuesta: mediante buenas preguntas. Las preguntas apropiadas le permiten tantear- sin pintar gaviotas- y medir de forma segura la reacción del prospecto.

A continuación algunas maneras de estructurar sus preguntas de "tanteo":

Usted: ¿Entiende usted que (g-a-v-i-o-t-a) le ayudará a (satisfacer un requisito) de forma más efectiva?

Usted: No creo que (g-a-v-i-o-t-a) añadiría ningún valor, ¿o sí?

Usted: ¿Usted no mencionó que (g-a-v-i-o-t-a) fuera tan importante?

Usted: ¿ No haría ninguna diferencia si pudiéramos (g-a-v-i-o-t-a), no?

En cada caso, si el prospecto responde de forma positiva, podría usted preguntar, "¿Y por qué?" En ese momento, el prospecto tiene que explicarle por qué desea la *gaviota*.

Si el prospecto reacciona de forma negativa, usted podría responder, "Pensé que no". ¡Todavía está a salvo! Sobrevivió otro día para batallar. Tal vez puede sugerir de nuevo la idea desde otro punto de vista en otra ocasión.

Si la gaviota termina en el cuadro del prospecto, será por que él fue quien la puso.

COMPRUEBE SU APRENDIZAJE

¿QUÉ SON LAS "GAVIOTAS" - Y POR QUÉ REPRESENTAN UN POTENCIAL PELIGRO?

Busque la respuesta abajo.

COMPORTAMIENTOS

Piense en momentos específicos donde añadió "gaviotas" al cuadro del prospecto. ¿Cuál fue la reacción? Luego, identifique los aspectos de "valor añadido" de su producto o servicio que por lo regular están fuera de las necesidades que perciben los prospectos promedio. Para finalizar, desarrolle algunas preguntas de "tanteo" que le ayuden de forma segura a sacar a la luz esos aspectos.

Respuesta: Las "gaviotas" son aspectos de su producto o servicio hacia los cuales el prospecto todavía no ha expresado interés o deseo. Si presenta gaviotas antes de determinar si el prospecto determinó el beneficio de las mismas, brindarán al prospecto razones para rechazar lo que ofrece.

REGLA SANDLER #19

NUNCA AYUDE AL PROSPECTO A TERMINAR LA ENTREVISTA

"NEVER HELP THE PROSPECT END THE INTERVIEW"

¿Alguna vez huyó de la escena de una reunión que andaba mal?

- No recoja su caseta todavía.
- Pregúntese qué de lo que dijo o hizo provocó el problema.
- Deje que le prospecto "disponga"

> Aclare lo que en realidad está sucediendo.

De vez en cuando, se encontrará interactuando con prospectos que se muestran escépticos hacia su producto, servicio o compañía". Sin razón aparente, obtendrá respuesta a las que no podrá responder, y que incluso sean hostiles. Quizás han tenido antes malas experiencias con su compañía, con otra compañía que ofrece un producto o servicio similar, o con otro vendedor que vende algo completamente diferente. Cuando esto sucede, ¿debería usted "terminar" la reunión o conversación al decir, de una forma u otra, "Disculpe por la molestia de haber venido hoy"?

Incluso cuando se encuentre dentro de una situación tensa o incómoda no debe ayudar a la otra persona a terminar la reunión. Por el contrario, haga un esfuerzo por aclarar que está sucediendo. El prospecto pudiera tener un punto de la agenda que usted desconoce, y una simple pregunta "tonta", seguida de un silencio, le pudiera ayudar a descubrirlo. (Refiérase a la Regla #17, *El profesional hace lo que hacía cuando era aprendiz- a propósito*)

Si percibe que el prospecto está escéptico, con poco entusiasmo, o incluso hostil, reconózcalo. Sáquelo a la luz...de una forma que no sea de confrontación.

A continuación algunos ejemplos:

Usted: Roberto, lo noto escéptico. Tiene que ser algo que dije o hice.

Usted: Roberto, percibo cierta inseguridad sobre lo que estamos discutiendo. ¿He dicho o hecho algo de lo quisiera hablar?

Usted: Roberto, percibo cierta hostilidad. Sospecho que se debe a algo que dije o hice. ¿Estoy en lo correcto?

Saque a la luz toda situación incómoda- o cualquier emoción extraña que perciba. Póngala sobre la mesa donde el prospecto no tiene la posibilidad de ignorarla. Asuma la responsabilidad de *resaltar* el asunto, y sucederá algo maravilloso: pone la bola en la cancha del prospecto. El prospecto se ve obligado a responder a su aseveración o pregunta y a asumir parte de la responsabilidad para *resolver* la situación. Permitir que el prospecto "disponga" de lo que usted ha "dicho o hecho" hasta el momento, le permite despejar el camino para continuar con la reunión dentro de una mejor atmósfera.

Haga lo más posible por aclarar qué está sucediendo- antes de que de forma *voluntaria* abandone los predios. Puede que encuentre cosas de las que no se había percatado, y en definitiva sabrá más sobre el prospecto.

COMPRUEBE SU APRENDIZAJE

¿QUÉ GANA USTED CON RECONOCER Y ASUMIR RESPONSABILIDAD POR UNA REUNIÓN QUE SE HA TORNADO INCÓMODA Y POCO PRODUCTIVA?

BUSQUE LA RESPUESTA ABAJO.

COMPORTAMIENTOS

PIENSE EN DOS REUNIONES DE VENTA QUE SE TORNARON INCÓMODAS O POCO PRODUCTIVAS. DESARROLLE ALGUNAS PREGUNTAS QUE PUDIERA HACER EN SITUACIONES FUTURAS QUE DERRUMBE LOS OBSTÁCULOS- Y LE PERMITAN ASUMIR RESPONSABILIDAD POR ESTOS.

Respuesta: Reconocer la situación pone cualquier problema sobre la mesa donde se puede aclarar. Asumir responsabilidad por algo que usted pudo haber dicho o hecho que creó incomodidad dentro de la situación le brinda la oportunidad de conectar con el prospecto, aclarar las cosas, y continuar con el desarrollo de la oportunidad. Si usted NO es la causa de la situación incómoda, con toda probabilidad, el prospecto se abrirá y revelará lo que en realidad está sucediendo- información valiosa que nunca obtendría si hubiera dado la reunión por terminada.

REGLA
SANDLER #20

LA META PRINCIPAL DE UN PROFESIONAL DE VENTAS ES IR AL BANCO
"BOTTOM LINE OF PROFESSIONAL SELLING IS GOING TO THE BANK"

¿Sabe usted por qué se toma la molestia de vender?

- ¿Por qué hace todo esto?
- Los vendedores siguen la puntuación.
- ¿Qué puede usted repetir?

¿Cuál es la meta principal cuando visita o llama prospectos?

¿Será desarrollar una relación? ¿Generar interés en su producto o servicio? ¿Educar al prospecto? ¿Establecer credibilidad? Si preguntase a una docena de vendedores de seguro recibirá una docena de contestaciones diferentes. A pesar de que cada una de estas actividades son *parte* del proceso de desarrollo, no son, y no deberían convertirse, en el enfoque central de sus visitas o llamadas.

> REPITA LOS PASOS QUE EN REALIDAD LO ACERCAN MÁS AL BANCO.

La meta de visitar o llamar prospectos, claro está, es cerrar la venta- esto es, *ir al banco*. Ir al banco es la *razón* por la cual usted hace lo que hace con los prospectos.

En el juego de vender, la puntuación se anota en dinero-ventas completadas, comisiones, ingresos y así por el estilo. A los vendedores se les reconoce y premia por alcanzar y sobrepasar cuotas, por abrir la mayoría de las cuentas nuevas, por alcanzar cierto grado de rentabilidad, entre otras cosas. No se les premia por "desarrollar las más cálidas relaciones", o por su "desempeño ejemplar al educar al prospecto". Y mucho menos por "ganarse la aprobación de los demás"

Invierta el tiempo en actividades que de forma medible le acerquen al banco. No invierta mucho tiempo y energía en actividades que no- como preocuparse sobre lo que el prospecto piensa de usted como persona.

Enfóquese en calificar primero las oportunidades, con puntos de referencia que contengan criterios específicos. Enfóquese en adelantar esas oportunidades calificadas de forma predefinida- hacia el banco. No pierda el tiempo en "puntos de referencia" vagos como "*desarrollar una buena relación*" con la esperanza de que un día, una de esas "relaciones" sea tan "buena" que desemboque en una venta. ¡No se puede medir una "buena relación!" Pregúntese: *¿Qué debe suceder dentro de esta relación para acercarme más al banco?*

¿Cuánto tiempo debería invertir en el desarrollo y cierre de una oportunidad? Deje que la experiencia sea su guía. Por ejemplo, si por lo general toma 60 días cerrar un tipo de venta en particular, y lleva 120 días en el proceso, con toda probabilidad va fuera de curso. Si malinterpretó una oportunidad- se ha detenido y extendido sin un progreso medible- déjela pasar. No continúe "insistiendo" porque usted y el prospecto tienen una gran "relación" o por el tiempo que ha invertido. Si el prospecto no da la talla, abandone la persecución y desvíe la energía hacia oportunidades que sí.

Descalificar hoy no significa descalificar para siempre. Si existe un *entendimiento claro* - esto es, un entendimiento que ambas partes sean capaces de articular- de que las circunstancias para descalificar al prospecto hoy, pudieran cambiar de alguna forma en el futuro, detenga las actividades de desarrollo en ese momento.

Cuando tiene criterios específicos para juzgar una oportunidad y se compromete a *aplicar y acatar* esos criterios, mejora la eficiencia de cada venta, y aumenta el potencial de cerrar ventas con mayor rapidez. Con práctica, aprenderá a minimizar el tiempo que invierte en prospecto que no califican. El ciclo de venta se acortará y el promedio de cierres aumentará. Se encontrará yendo al banco con mayor rapidez....y frecuencia.

COMPRUEBE SU APRENDIZAJE

¿Por qué "ir al banco" es un punto de referencia clave para medir el desempeño en ventas?

Busque la respuesta abajo.

Respuesta: A fin de cuentas, el éxito en ventas de una organización (y supervivencia) se determina por los resultados de las ganancias. Un resultado saludable, entre otras cosas, es producto de ventas rentables dentro de un tiempo razonable: en otras palabras, ir al banco. Las oportunidades de venta que se alargan más de lo debido, o nunca lo llevan al banco, consumen tiempo y otros recursos...y afectan el resultado final.

COMPORTAMIENTOS

Identifique tres actividades que justifica como que ayudan a "desarrollar la oportunidad" pero que en realidad desvían su atención y energía de actividades que lo llevarían al banco. Luego determine por qué invierte tiempo en esas actividades. ¿Está usted "deseando y esperanzado" que la actividad le llevará a una venta, o está evitando otras actividades que considera menos deseables? (Prospectar para conseguir negocios nuevos, por ejemplo) Comprométase a eliminar esas actividades que no son instrumentales en ayudarlo a ir al banco con mayor rapidez y frecuencia. Identifique lo que podría y debería hacer en lugar de esas actividades.

REGLA SANDLER #21

VENDA HOY, EDUQUE MAÑANA
"SELL TODAY, EDUCATE TOMORROW"

¿Alguna vez perdió el interés de un prospecto...por hablar demasiado sobre su producto o servicio?

- Usted lo que necesita es un diálogo, no un monólogo.
- Ponga a un lado su responsabilidad de "educar".
- Comience con una pregunta.

Muchas compañías invierten mucho dinero en producir presentaciones electrónicas, carteles y folletos promocionales con la intención de brindarle a los vendedores herramientas de apoyo. No hay nada malo en utilizar este tipo de material- pero por desgracia, la mayoría del tiempo no se utiliza de forma productiva. Si utiliza este tipo de material durante un periodo donde todavía intenta identificar el dolor que la persona experimenta, se toma el riesgo de "regar los dulces en el vestíbulo" (Refiérase a la Regla #2: *No riegue los dulces en el vestíbulo.*)

> EL OBJETIVO ES AVERIGUAR POR QUÉ, Y BAJO CUÁLES CIRCUNSTANCIAS, EL PROSPECTO COMPRARÍA.

El lugar apropiado para estas herramientas de apoyo es durante una presentación, e incluso en ese momento se debería utilizar sólo aquellos materiales que ayuden a demostrar cómo el producto o servicio puede satisfacer las necesidades específicas que el prospecto haya manifestado.

Reserve para más adelante el discurso sobre todo lo que su producto o servicio hace. Al momento, usted está vendiendo. Esto quiere decir que el objetivo es averiguar por qué y bajo cuáles circunstancias el prospecto compraría.

Descubrir esa información requiere de un diálogo, no un monólogo. Tiene que hacer preguntas que atiendan los intereses, preocupaciones y expectativas del prospecto. Durante la interacción inicial con un prospecto, ponga a un lado su responsabilidad de "educar". No comparta el conocimiento y las características distintivas de venta que tiene el producto o servicio. Por el contrario, comience con una pregunta que ponga en manifiesto lo que piensa el prospecto sobre la adquisición de su producto o servicio. A continuación un ejemplo. Supongamos que usted vende para una compañía que brinda servicios de transporte ultramarinos:

Usted: Sospecho que tiene preocupaciones específicas sobre su transporte ultramarino. ¿Por qué no me comparte cuáles son y luego haré lo posible por atenderlas?

Una vez el prospecto revele sus preocupaciones e intereses, usted puede hacer preguntas adicionales sobre el significado de los mismos. Mientras más preguntas haga, más hablará el prospecto- y más conocerá sobre las oportunidades potenciales de posicionar su producto o servicio de forma favorable.

COMPRUEBE SU APRENDIZAJE

¿CUÁL ES EL PELIGRO DE INTENTAR EDUCAR AL PROSPECTO MUY TEMPRANO EN EL PROCESO DE VENTA?

BUSQUE LA RESPUESTA ABAJO.

COMPORTAMIENTOS

EXAMINE DE FORMA CRÍTICA SUS ESTRATEGIAS DE DESARROLLO DE VENTAS. ¿INVIERTE LA MAYORÍA DEL TIEMPO CON EL PROSPECTO EN PREGUNTAS O EN HABLAR SOBRE SU COMPAÑÍA Y PRODUCTO O SERVICIO? SI DESCUBRE QUE TIENDE A EDUCAR TEMPRANO EN EL PROCESO, DESARROLLE PREGUNTAS CALIFICADORAS. HACER ESTAS PREGUNTAS LE PERMITIRÁ AL PROSPECTO DESCRIBIR LAS NECESIDADES Y DESEOS CRÍTICOS- Y LE AYUDARÁ A USTED A IDENTIFICAR EN CUÁLES ASPECTOS DE SU PRODUCTO O SERVICIO HABRÁ QUE EDUCAR AL PROSPECTO EN EL FUTURO.

Respuesta: Intentar educar al prospecto sobre las características, funcionamiento, beneficios y ventajas de su producto o servicio temprano en el proceso de venta, desvía el enfoque del primer paso más importante del proceso de calificación- determinar por qué y bajo cuáles circunstancias el prospecto le comprará.

REGLA SANDLER #22

SÓLO PRESENTE PARA "TIRAR A MATAR"
"ONLY GIVE A PRESENTATION FOR THE "KILL""

¿Alguna vez perdió el "momento de la verdad" en el proceso de venta?

- Prepárese.
- Ponga al prospecto "en la mirilla."
- Hale el gatillo.

Entre medio de los árboles, al pie de la ladera, al otro lado del barranco, desde su posición- el cazador se esconde entre los arbustos desde el amanecer. Finalmente, con la primera luces del sol, tiene un tiro claro del alce que sería su trofeo cuyas huellas había estado siguiendo por algunas horas.

Con su rifle *Weatherby Mark V* colocado con firmeza contra el hombro, el cazador posiciona la mirilla en un tiro perfecto, respirando de forma pausada, aumenta la presión del gatillo y luego...luego.

Bueno- después de todo el trabajo y todas las horas de preparación, ¿haló el gatillo el cazador?

¡Claro que sí! Ese era su objetivo desde el principio. Todo lo que ha hecho hasta el momento-seleccionar el área de caza, obtener la licencia necesaria, evaluar el terreno, seleccionar el calibre correcto del rifle, practicar los tiros y calibrar la mirilla lo prepararon para ese momento. Su objetivo era regresar a casa con el alce como trofeo...no con un cuento sobre el alce que se escapó.

No tiene que ser cazador, o incluso gustarle el deporte de cazar para aprender una lección valiosa de esta historia.

PREPARACIÓN

Cuando ofrezca una presentación, tiene que estar tan preparado como el cazador. Tiene que haber calificado la oportunidad en su totalidad y decidido que con relación a las necesidades , objetivos del prospecto y la disposición y capacidad del mismos para invertir recursos, su producto o servicio ofrecen la solución más compatible. Tiene que haber descubierto los criterios por los que su presentación se evaluará- y decidido que puede cumplir con esos criterios. Y, lo más importante, haber obtenido un compromiso concreto por parte del prospecto que *"tomará una decisión"* al finalizar la presentación. Además, usted tiene que estar decidido a obtener esa decisión.

¿ESTÁ PREPARADO A CERRAR LA VENTA CUANDO EL PROSPECTO "ESTÁ EN LA MIRILLA"?

¡Sin la preparación, sin el compromiso propio de obtener una decisión, usted puede que tenga al prospecto "en la mirilla" pero no podrá halar el gatillo y traer a casa el "trofeo de la venta"! (Refiérase también a la Regla #36: *Sólo los que toman decisiones influyen a otros a que las tomen.*)

COMPRUEBE SU APRENDIZAJE

¿QUÉ SIGNIFICA TENER AL PROSPECTO "EN LA MIRILLA"?

BUSQUE LA RESPUESTA ABAJO.

COMPORTAMIENTOS

EXAMINE CON ATENCIÓN SU RUTINA DE PREPARACIÓN DE PRESENTACIONES, E IDENTIFIQUE SI LAS DISEÑA DE FORMA QUE LO DEJA CON "EL DEDO EN EL GATILLO"' ANTE UN PROSPECTO QUE CON CLARIDAD "TIENE EN LA MIRILLA". SI DESCUBRE UN PROBLEMA, IDENTIFIQUE LA INFORMACIÓN QUE CON FRECUENCIA FALTA, Y DESARROLLE LAS PREGUNTAS NECESARIAS PARA LLENAR LOS BLANCOS. LUEGO DETERMINE CUÁNDO EN EL PROCESO DE VENTA DEBERÍA HACER ESAS PREGUNTAS.

Respuesta: Tener al prospecto "en la mirilla" significa que usted llegó a la presentación con el prospecto en su totalidad calificado en términos de la necesidad de su producto o servicio, recursos disponibles, toma de decisiones y los elementos por los cuales se evaluará la presentación. Esto significa que usted obtuvo un compromiso por parte del prospecto que habrá una decisión al finalizar la presentación; que es lo más importante de todo.

REGLA SANDLER #23

LA FORMA DE DESHACERSE DE UNA BOMBA ES DESACTIVARLA ANTES QUE EXPLOTE

"THE WAY TO GET RID OF A BOMB IS TO DEFUSE IT BEFORE IT BLOWS UP"

¿Alguna vez perdió una venta debido a un problema que se debió haber atendido temprano en el proceso?

- Si sabe que le va a explotar en la cara...desactívela ahora.
- Aclare el problema temprano antes que tarde.
- No espere que el prospecto señale el asunto.

En ocasiones, los vendedores se ejercen presión a sí mismos sin razón alguna. Se sientan a esperar que explote la bomba. ¡No sea uno de esos vendedores!

> MENCIONE LOS ASUNTOS ANTES QUE EL PROSPECTO.

Si existe la posibilidad de que su producto o servicio tenga un problema recurrente, no se exponga a la presión de dilucidar cuándo y cómo el prospecto va a tirar la bomba. Presente el asunto antes que el prospecto. ¡Desactívelo!

A continuación un ejemplo.

Usted: Uno de los problemas que podríamos tener, si partimos de la premisa que vamos a hacer negocio, es este. No brindamos servicio local. ¿Sería eso un problema?
Prospecto: Sí, me temo que sí.
Usted: ¿Desea hablar sobre ese problema?
Prospecto: Sí.
Usted: Muy bien, comience usted.

Que usted presente el problema facilita el manejo de una objeción potencial, en vez de tener que lidiar con el problema desde una posición "defensiva". Esta estrategia aplica a casi cualquier área de la venta (y después de la venta) donde de forma razonable se pudiera enfrentar con un problema o desacuerdo: Financiamiento, crédito, tiempo de entrega, estatus del inventario, entre otros. Si la experiencia le dice que existe una posibilidad real de que usted y el prospecto se enfrenten a un obstáculo, debería buscar la manera de hablar al respecto por adelantado.

No permita que el miedo de "quedar mal" o de "perder el impulso" le detengan de atender los asuntos más importantes. De hecho, se proyectará de forma más profesional ante los ojos del prospecto tan pronto exprese su disposición de ayudarlo a tomar las precauciones necesarias. Y si por el contrario el obstáculo evitará que se llegue a un acuerdo de negocio, es mejor saberlo al momento. (Refiérase también a la Regla #30: *No puede perder nada que no tiene.*)

COMPRUEBE SU APRENDIZAJE

Dentro del contexto del desarrollo de una oportunidad de venta, defina "Desactivar la Bomba"- y explique el beneficio de la estrategia.

Busque la respuesta abajo.

COMPORTAMIENTOS

Identifique tres "bombas" potenciales en su gestión de venta- problemas u obstáculos que tienden a ocurrir cuando desarrolla una oportunidad de venta. Desarrolle algunas preguntas que podría hacer temprano en el proceso para determinar la posibilidad de que surjan estos tres problemas.

Respuesta: "Desactivar la bomba" significa mencionar un problema potencial temprano en el proceso de venta, antes que el prospecto lo señale. El beneficio de hacer esto es eficiencia- lidiar con elementos que pudieran malograr el negocio antes de invertir tiempo adicional.

David Mattson

REGLA SANDLER #24

EL CONOCIMIENTO DE PRODUCTO QUE SE UTILICE A DESTIEMPO PUDIERA RESULTAR INTIMIDANTE

"PRODUCT KNOWLEDGE USED AT THE WRONG TIME CAN BE INTIMIDATING"

¿Alguna vez abrumó a un prospecto con conocimiento de producto?

- ¿Sabe el prospecto de lo que usted está hablando?
- ¿Intimida usted a los prospectos de forma innecesaria?
- Esté pendiente de expresiones faciales y el lenguaje corporal.

La pericia en la industria y el conocimiento de producto ciertamente son activos profesionales- pero debería saber que pudieran resultar intimidantes para los prospectos. Si utiliza lenguaje técnico o argot de la industria temprano en el proceso de venta, se toma el riesgo de hacer sentir incómodo al prospecto. ¡Este es un error de grandes proporciones! *Es poco probable que un prospecto que se sienta incómodo haga una inversión emocional en el proceso de venta.*

Los prospectos que no entienden lo que usted dice tienen dos opciones.

> NO SABOTEE LA VENTA CON SU PERICIA.

Opción uno: Pueden de entrada decirle que no entienden todo o parte de lo que usted dijo y piden una explicación. Desde su perspectiva, esto es lo mejor que pueda pasar, pero para ser honestos, esto no sucede con frecuencia. ¿Por qué no? Por que la mayoría de las personas se sienten incómodos con pedir explicaciones. (Esto es en lo particular cierto en interacciones con vendedores.

Opción dos: Pueden eliminar la fuente de incomodad: ¡USTED! ¿Cómo se daría esa conversación? Con toda probabilidad como la siguiente:

Prospecto: Bueno Tomás, no sabía que iba a entrar en tanto detalle hoy. Estoy corto de tiempo. Por favor déjeme la información, me da algún tiempo para revisarla, y luego le llamo.

¡Problema resuelto! No más incomodidad.

El conocimiento de producto y pericia pueden reforzar la confianza y hacerle sentir en control de la reuniones de venta. Sin embargo, debe saber, que ejercitar sus músculos intelectuales frente al prospecto pudiera abrumarlo- en especial al comienzo de la conversación.

Durante las reuniones de venta, esté pendiente a las expresiones faciales y lenguaje corporal del prospecto. Si percibe cualquier señal que el prospecto se siente incómodo, vaya de nuevo sobre la información. Diga algo como:

Usted: Guillermo, le presenté la información muy rápido. Permítame ir de nuevo sobre ella.

Luego repase lo que dijo utilizando un lenguaje más apropiado.

COMPRUEBE SU APRENDIZAJE

¿Cuál es el peligro de manifestar al prospecto gran cantidad de conocimiento de producto durante la reunión inicial?

Busque la respuesta abajo.

COMPORTAMIENTOS

Piense de forma crítica sobre las interacciones iniciales con sus clientes potenciales. Identifique cualquier situación donde tuvo la tendencia de apoyarse en el conocimiento de producto, información técnica o argot de la industria. Desarrolle enfoques alternos para la discusión de estos tópicos. No presuma que el prospecto tiene el mismo conocimiento que usted.

Respuesta: Si sabe más sobre el producto que el prospecto, su proyección pudiera hacer sentir incómodo al prospecto. Y la forma más fácil que tiene el prospecto de lidiar con su incomodidad es eliminar la fuente: ¡USTED!

REGLA SANDLER #25

CUANDO QUIERA SABER EL FUTURO, TRÁIGALO AL PRESENTE

"WHEN YOU WANT TO KNOW THE FUTURE, BRING IT BACK TO THE PRESENT"

¿Alguna vez le pidieron "comenzar"...antes de cerrar el negocio?

- "Haga el trabajo preliminar."
- Juegue a "Supongamos."
- ¿Qué sucede si ...?

> NO CAIGA EN LA TRAMPA.

En ocasiones los prospectos le piden a los vendedores que hagan cierto "trabajo preliminar" y que "presenten los hallazgos" en la reunión siguiente. Este "trabajo preliminar" pudiera ser presentar números preliminares, conducir una encuesta, crear un diagrama de trabajo, entrevistar a usuarios potenciales, o incluso hacer un trabajo inicial. Los "hallazgos" vendrían a ser un análisis exhaustivo de todo lo que se identificó como resultado del trabajo inicial (sin paga) que se realizó.

¿Cuántas veces se ha visto en esta situación?

¿No le gustaría saber cual sería el resultado de sus esfuerzos...*antes* de invertir energía y tiempo?

JUEGUE A "SUPONGAMOS"

La estrategia Sandler de "Supongamos" le ayudará a obtener la información que necesita. A continuación un ejemplo de lo que sería una solicitud de "trabajo preliminar" por parte del prospecto:

Prospecto: Tengo que mencionarle que estoy impresionado con lo que ha presentado hasta el momento. Me gustaría ver un plan preliminar del contenido del desarrollo del proyecto- con costos aproximados y tiempo de terminación.

¡No responda simplemente "sí" a esta propuesta!. Por el contrario juegue a "Supongamos"

Usted: Me encantaría comenzar a trabajar en eso. Supongamos por un momento que cuando presente nuestro plan preliminar, se siente cómodo con nuestro enfoque, que los costos estimados están dentro del presupuesto y que el tiempo de terminación cumple con sus fechas límites...¿qué sucedería en ese momento?

Note la frase crítica "Me encantaría" en "Me encantaría comenzar a trabajar en eso". Esa es una parte importante del mensaje.

"Me encantaría" envía el mensaje de que "Me encantaría comenzar a trabajar en eso...una vez establezcamos que sucederá si lo hago". No expresa, "¡Me encanta la idea, voy a comenzar a trabajar de inmediato, y le presento los hallazgos mañana...o algo por el estilo! No debería comprometerse a nada hasta que el prospecto no comience a hablar del futuro. Y la mejor manera de lograr que el prospecto hable del futuro es traerlo al presente. *Provoque que el prospecto describa el futuro...hoy.*

A continuación otro ejemplo. Supongamos que usted vende sistemas de seguridad y un prospecto que está interesado en un sistema de alarma para un almacén nuevo dice, "Tengo muy buenas referencias de su compañía. Me gustaría ver un resumen de cómo trabajan con sistemas para almacenes, costos del proyecto y tiempo de instalación".

Para cumplir con esta petición, tendría que conducir una encuesta, desarrollar un sistema apropiado para cumplir con todos los requisitos, hacer un diseño preliminar, calcular los costos de materiales, y hacer y ensayar su presentación. ¡Esto sería un gran compromiso de su parte...con una mínima posibilidad que podrá persuadir al prospecto a comprar como resultado de todos sus esfuerzos!

Antes de hacer todo ese trabajo, utilice la estrategia de "Supongamos" para determinar el posible resultado de sus esfuerzos. Pregunte al prospecto lo siguiente:

Usted: Supongamos que realice una encuesta, desarrolle el sistema apropiado para sus requisitos, diseñe un sistema preliminar, calcule los costos de materiales y tiempos de instalación, y que incluya toda esa información en una presentación que demuestre de forma exhaustiva cómo nuestro sistema cumpliría con sus requisitos de prevención, detección y documentación de accesos no autorizados a las instalaciones. ¿Qué sucedería entonces?

En quince segundos, realizó todo el "trabajo preliminar" e "hizo la presentación"- de forma virtual. Si el prospecto no está dispuesto a comprometerse con una acción que sea para el mejor interés de *usted-* y recuerde esperar junto al teléfono por una decisión no es para el mejor interés de usted- no debería entonces comprometerse a realizar ningún trabajo. Si siente que TIENE que hacer el trabajo en esta situación, ¡Factúrelo! Acuerde aplicar la cantidad al costo del proyecto si se lo otorgan. Esa estrategia no le garantizará la venta, pero por lo menos, recibirá paga por sus esfuerzos.

¡PIÉNSELO DOS VECES!

Lograr que el prospecto describa el futuro hoy evita que le tiendan una trampa. Si el prospecto no puede o quiere comprometerse con lo que usted propone, debe pensarlo dos veces antes de comprometerse a hacer el "trabajo preliminar" o a "presentar los hallazgos".

COMPRUEBE SU APRENDIZAJE

¿Por qué debe jugar a "Supongamos"?

Busque la respuesta abajo.

COMPORTAMIENTOS

Piense en el "trabajo preliminar" que por lo regular los prospectos piden realizar. Para cada uno- y sólo usted los conoce- desarrolle una pregunta de "Supongamos" para ayudar al prospecto a pintar un cuadro del futuro con el resultado de sus esfuerzos.

Respuesta: La estrategia de "Supongamos" le brinda la oportunidad de medir el compromiso del prospecto con una futura acción que les beneficie a ambos, y mide su disposición y nivel de comodidad al describir ese compromiso futuro. Estos son indicadores de la posibilidad de otorgar ese compromiso.

REGLA SANDLER #26

LAS PERSONAS COMPRAN A PESAR DE UN ESTILO DE VENTA AGRESIVO, NO COMO CONSECUENCIA DEL MISMO

"PEOPLE BUY IN SPITE OF THE HARD SELL, NOT BECAUSE OF IT"

¿Alguna vez realizó una propuesta o recomendación en torno a sus razones, no a las del prospecto?

- ¿Qué es "la venta agresiva"?
- ¿Habrá forma de que parezca "pasiva"?
- ¿Las razones de quién deben guiar la interacción de venta?

> EN OCASIONES, EL ESTILO DE VENTA "CONSULTIVO", NO ES DEL TODO CONSULTIVO.

Usted podría pensar que el enfoque de "venta agresiva" es algo del pasado en la profesión de ventas. Esto se debe a que la mayoría de las organizaciones han adoptado algunos modelos de venta que en cierta forma son "consultivos", donde el objetivo del vendedor es "asociarse" con el prospecto en el esfuerzo por desarrollar la solución apropiada.

En teoría, ese enfoque tiene sentido. Sin embargo, en la práctica, a pesar de que se habla mucho sobre "asociarse" y ser "consultivo", muchos vendedores todavía confían, y estructuran el enfoque de ventas y sus presentaciones en torno a cosas como:

- Las características, beneficios y elementos de venta del producto o servicio.
- La historia de la compañía
- La reputación de confiabilidad del producto
- Testimonios de clientes
- Y elementos adicionales

Los vendedores mencionan todos estos elementos en un esfuerzo por *guiar* el prospecto a una decisión de compra- a pesar de no saber qué, si existe algo, está causando dolor en el mundo del prospecto.

¿DE QUIÉN SON LAS RAZONES ?

Cuando el enfoque de ventas gira en torno a *sus razones,* se considera *agresivo* aunque su conducta sea pasiva. Cuando las personas compran bajo esas circunstancias, compran a pesar del estilo agresivo, no a consecuencia del mismo. ¡Necesita saber las razones del prospecto!

Haga un esfuerzo para descubrir las *razones específicas del prospecto* para comprar su producto o servicio, así como sus criterios de compra. Luego, estructure su enfoque y presentación en torno a lo que descubrió.

¿DEBERÍA USTED INSISTIR EN ESTA OPORTUNIDAD?

Si su producto o servicio, o su compañía, no puede cumplir con algunos de los requisitos del prospecto, considere si tiene sentido insistir en esa oportunidad. Si no existe una conexión entre lo que ofrece y lo que necesita el prospecto, el estilo "agresivo de venta"- en cualquiera de sus formas- no va crear esa conexión.

(Refiérase también a la Regla #27: *No puede venderle nada a nadie- tienen que descubrir que lo quieren.*)

COMPRUEBE SU APRENDIZAJE

¿DE QUÉ FORMA UN COMPORTAMIENTO PASIVO DE PARTE DEL VENDEDOR PODRÍA VERSE COMO UN "ESTILO AGRESIVO DE VENTA?"

BUSQUE LA RESPUESTA ABAJO.

Respuesta: El "estilo agresivo de venta" no es resultado de una presentación muy directa o autoritaria - a pesar que sería una consecuencia lógica. El "estilo agresivo" ocurre cuando nos enfocamos en NUESTRAS razones y justificaciones con miras a que el prospecto compre, en vez de enfocarnos en las razones del prospecto.

COMPORTAMIENTOS

Identifique cuáles razones le motivan. ¿Tiene la tendencia de expresar a los prospectos por qué deben comprar su producto o servicio? ¿Tiene el hábito de enumerar y elogiar los beneficios y ventajas de los que usted "sabe" disfrutarán? Si es así, intenta vender por sus razones, no las del prospecto.

Haga una lista de beneficios y ventajas que son exclusivas de su producto o servicio y compañía. En otras palabras, ¿qué tiene usted y su compañía que el prospecto no puede obtener de la competencia? Una vez conteste esto, determine con exactitud qué se perdería el prospecto de NO hacer negocio con usted. (Utilizará esta información en la próxima regla)

REGLA SANDLER #27

NO PUEDE VENDERLE NADA A NADIE-TIENEN QUE DESCUBRIR QUE LO QUIEREN

"YOU CAN'T SELL ANYBODY ANYTHING – THEY MUST DISCOVER THEY WANT IT"

¿Alguna vez "hizo un reclamo de acción" que no produjo ninguna acción?

- Las personas no compran porque usted lo diga.
- Utilice un mejor enfoque.
- Pregunte, "¿Qué significaría esto para usted?"

> ¿CÓMO SE SIENTE CUANDO ALGUIEN LE ORDENA A COMERSE LOS VEGETALES?

¿Recuerda usted, años atrás, cuando su madre le decía que se comiera los vegetales? Mientras más lo presionaba para que se los comiera más usted se resistía-incluso cuando ella explicaba los beneficios de comer vegetales (tales como que le ayudaba a crecer grande y fuerte) e incluso cuando señalaba las razones morales para comérselos (tal como recordar que existía mucha gente en el mundo que no tenían ni para comer vegetales frescos). Ella presionaba, usted resistía hasta convertirse en una rutina predecible.

Hasta cierto nivel psicológico, debido en parte a esas experiencias de la niñez, a las personas por lo general, no les gusta que les digan qué tienen que hacer y cómo actuar.

¡LA RESISTENCIA ESTÁ PRE PROGRAMADA!

Como regla, los prospectos están programados a resistir a los vendedores que, de forma directa o indirecta, les dicen qué tienen que hacer. A pesar de cuán "correcto" esté con respecto a lo que beneficia al prospecto, cuántas características y funcionamientos pueda recitar, cuán convincente y entusiasta explique los beneficios y ventajas de su producto o servicio, a pesar de todo esto, los prospectos van a tener la tendencia de resistirse a que le ordenen "comerse los vegetales". Sencillamente no van a comprar porque usted lo diga.

En vez de utilizar la estrategia de "vender por decreto" utilice la estrategia de hacer preguntas o la de establecer una relación con historias de terceros, que le permitan al prospecto descubrir los beneficios y ventajas de su producto o servicio. Cuando haga una pregunta que lleve a un descubrimiento, el prospecto es "dueño" del descubrimiento.(Refiérase a la Regla #15, *La mejor presentación que usted dará, el prospecto nunca la verá*). Las personas se pondrán a la defensiva, de forma directa o indirecta, si usted le ordena a "comerse los vegetales", pero si permite a que lleguen a conclusiones propias, no debatirán esa información. ¡Por el contrario le pedirán que les pase las espinacas!

"MUCHOS DE NUESTROS CLIENTES ENCONTRARON ..."

A continuación un ejemplo de una pregunta que pudiera ayudar al prospecto a descubrir que quiere algo:

Usted: Muchos de nuestro clientes encontraron que al instalar nuestro sistema de ajuste de procesos, aumentaron la producción en un promedio de 12 por ciento. ¿Cómo se beneficiaría, si de alguna forma, su compañía de un aumento en la producción de un 12 por ciento?

Si el prospecto identifica los beneficios, prosiga con una pregunta que arroje luz sobre el descubrimiento:

Usted: ¿Qué significaría eso para su compañía?

Usted: ¿Qué le permitiría eso hacer a su compañía?

Usted: ¿Qué significaría eso para usted?

Cada respuesta- cada descubrimiento adicional- acerca al prospecto a comprar su producto o servicio. ¡Por motivación propia el prospecto "se comerá los vegetales"...no por que usted se lo ordena!

COMPRUEBE SU APRENDIZAJE

¿POR QUÉ UN PROSPECTO RECHAZARÍA SU PRODUCTO O SERVICIO- LUEGO DE QUE USTED EXPRESE CON CLARIDAD LAS RAZONES POR LAS QUE DEBERÍA COMPRAR?

BUSQUE LA RESPUESTA ABAJO.

COMPORTAMIENTOS

UTILICE LOS BENEFICIOS EXCLUSIVOS DE SU PRODUCTO O SERVICIO Y DE SU COMPAÑÍA QUE IDENTIFICÓ EN LA PARTE DE COMPORTAMIENTOS DE LA REGLA # 26, PARA DESARROLLAR PREGUNTAS QUE PODRÍA HACER PARA AYUDAR A LOS PROSPECTOS A DESCUBRIR POR SÍ MISMOS EL VALOR DE ESOS BENEFICIOS.

Respuesta: En general, a las personas no les gusta que le DIGAN lo que tiene que hacer o cómo actuar. Esta tendencia puede que sea resultado de experiencias programadas desde la niñez. Supongamos que usted es el prospecto. Es posible que en algún momento le han DICHO que tiene que hacer y esas órdenes provinieron de adultos que brindaron ciertas justificaciones extrañas por sus actos que usted o no pudo entender o no quiso aceptar. Cuando se tope con un vendedor que intente hacer lo mismo, puede que usted se ponga a la defensiva.

REGLA SANDLER #28

ANTE UN ATAQUE- RETROCEDA
"WHEN UNDER ATTACK – FALL BACK"

¿Alguna vez se encontró dentro de un conflicto con un prospecto o cliente?

- ¿Quién está bien?
- ¿Quién no?
- Evite que el prospecto o cliente haga leña del árbol caído.

Existe un refrán popular que dice: "Una buena ofensiva es la mejor defensa". A pesar que esto pudiera ser cierto en algunas circunstancias, en situaciones de venta no es una muy buena estrategia.

> ¿UNA BUENA OFENSIVA SERÁ EN REALIDAD UNA BUENA DEFENSA?

Otro mito que guarda relación con esta regla es: "El cliente siempre tiene la razón". El prospecto o cliente "no siempre" tiene la razón, pero sin lugar a dudas *es* el juez y el jurado.

De manera que: ¿Cómo responde usted cuando se encuentra ante un ataque- por ejemplo, recibir una reprimenda, con razón o sin razón, sobre algo? ." Si utiliza el enfoque de "buena defensa" con la que intenta explicar, justificar o defender su posición, o señalar los defectos del racionamiento del "oponente", podría causar que su acusador haga leña del árbol caído. Su "buena defensa sólo hará que el prospecto o cliente "se sienta mal". Por otro lado, presumir que el cliente "siempre tiene la razón, pudiera también traer resultados interesantes- como que usted haga promesas que no puede cumplir.

En ventas, la mejor opción es *retroceder*.

¿CÓMO SE PUEDE "RETROCEDER"?

Supongamos que su compañía no cumplió con una fecha de entrega y que el cliente llamó para dejar saber su malestar. En vez de intentar explicar el retraso de la empresa de acarreo, que no está bajo su control, usted podría retroceder. A continuación un ejemplo:

Usted: José, entiendo su molestia sobre el retraso de un día en la entrega. Estoy seguro que no aportaría nada que explique lo que sucedió. Me imagino que ya decidió no hacer más negocios con nosotros en el futuro. ¿Es esto acertado?

Es difícil batallar con alguien que de entrada se rindió. En este caso, el cliente con toda probabilidad expresará de nuevo su molestia sobre la entrega, pero reconsideraría la idea de *nunca* hacer negocios con usted. Si es cierto que el cliente decidió nunca más hacer negocios con usted, ¿por qué se molestó en invertir tiempo en esta conversación?

El cliente con toda probabilidad pedirá una explicación. Luego de explicarle la situación y de tomar las medidas para asegurarse que no ocurra de nuevo, usted podría proceder con algo como:

Usted: José, si estuviera en mis zapatos, ¿que haría para enmendar las cosas?

NEGOCIAR MEDIANTE LA ESTRATEGIA DE RETROCEDER

O considere una situación diferente: Un cliente pide una concesión que usted no puede ofrecer. Ante este tipo de presión, usted podría intentar explicar su posición y justificar el por qué del rechazo a la petición del cliente. ¿Pero a qué le lleva esto? A una sesión de pulseo verbal que termina con el cliente reclamando: "¡Después de todo el negocio que le he dado!"

Por el contrario, podría retroceder y con sutileza canalizar la energía emocional del cliente hacia la creatividad y lejos de la hostilidad.

Cliente: Esto es lo que queremos: Una caja gratis por cada flete que ordenemos.
Usted: Sr. Gómez, percibo que perderíamos el negocio a menos que le regalemos una caja por flete.
Cliente: Están bien cerca de perderlo.
Usted: ¿Haría alguna diferencia que le ofrezca otra alternativa?
Cliente: Podría ser.
Usted: Bueno, si estuviera en mis zapatos, y si consideráramos las limitaciones que tengo, ¿qué alternativas propone usted?

"Retroceder" le quita viento a la vela del cliente y posibilita una conversación en las que ambas partes se sientan cómodos. Una vez se reduce la intensidad emocional, nadie se siente atacado, y usted tiene una oportunidad de encontrar una solución.

COMPRUEBE SU APRENDIZAJE

¿Cuál el beneficio principal de "Retroceder"?

Busque la respuesta abajo.

COMPORTAMIENTOS

Identifique dos situaciones donde estuvo "ante un ataque" frente a un prospecto o cliente. Por cada situación, determine qué pudo haber dicho o hecho para "retroceder" y calmar la situación.

Respuesta: "Retroceder" remueve el elemento emocional de la interacción. Es poco probable que un prospecto pelee con un vendedor que de entrada se rindió. Una vez se remueve el elemento emocional, ambas partes tienen una conversación más "intelectual" y productiva.

REGLA SANDLER #29

SU TAXÍMETRO SIEMPRE ESTÁ CORRIENDO
"YOUR METER'S ALWAYS RUNNING"

¿Alguna vez confundió la línea entre "amigo" y "cliente"?

- Los estándares y prioridades profesionales son importantes.
- ¿Esta persona es su cliente- o amigo?
- No confunda las líneas.

> "Oye, ¿me puedes hacer un pequeño favor?"

Sabemos que nuestra conducta y estilo de comunicación crean una imagen ante el prospecto. En la mente del prospecto, esa imagen es un reflejo de nuestra compañía.

No tratamos un prospecto nuevo de la forma que tratamos a un compañero del equipo de bolos con quien hemos compartido cervezas y chistes por los últimos cinco años

El valor de tener una conducta profesional ante un contacto *nuevo* es obvio. Pero, ¿qué de los clientes con quienes hemos desarrollado un relación a largo plazo? ¿Qué de las personas con quienes hemos desarrollado una amistad? ¿Será correcto bajar la guardia ante estas personas?

HACER NEGOCIOS CON AMIGOS

Hacerse amigo de un cliente pudiera cambiar la dinámica de la relación, pero no cambia la naturaleza de la relación. Usted y su cliente pudieran sentirse más cómodos al comunicarse. Eso está muy bien. Sin embargo, no importan cuán cómodos se sientan el uno con el otro, usted tiene que mantener una relación de "comprador-vendedor". Y si se considera un profesional, esa relación debe anteponerse a la amistad.

¿Por qué? Porque convertirse en el compinche del cliente confunde la relación. Convertirse en el compinche abre la puerta para "pequeños favores"- por ejemplo, concesiones de precio o entrega, que según el cliente no son más que una petición de un amigo. El "favor", si se concede, tiene poco significado, incluso cuando el vendedor tenga que excederse para otorgarlo. Después de todo, ¿eso no es lo que se supone que hagan amigos? ¿Ayudarse el uno al otro?

De la misma forma, un vendedor puede pensar que es correcto hacer cambios a la orden del cliente- y justificar la decisión con una explicación como: "Es un cambio menor; no pensé que importaría."

En cada uno de los casos, se comprometerá tanto la amistad como la relación de negocio.

¡EL TAXÍMETRO ESTÁ PRENDIDO!

Usted puede ser amigo de sus clientes- ser comprensivo de ser necesario, ofrecer consejos en el momento apropiado- siempre y cuando la amistad no se interponga a la relación de negocio. El taxista profesional no apaga el taxímetro-, no importa cuán buena sea la conversación con el pasajero; de la misma forma, el profesional de ventas no hace favores personales que entren en conflicto con las prioridades profesionales.

Usted es *primero que nada* un vendedor. ¡Que siempre sea así- de lo contrario permita que otra persona dentro de la organización asuma la responsabilidad de manejar la cuenta! Ojo: Una vez se "confunde" la relación, es casi imposible enfocarla de nuevo..

COMPRUEBE SU APRENDIZAJE

¿Cuáles son los beneficios de desarrollar una amistad con el cliente? ¿Cuáles son los peligros?

Busque la respuesta abajo.

COMPORTAMIENTOS

Examine la relación que tiene con cada uno de sus clientes e identifique a cualquiera que se haya convertido (o esté a punto de convertirse) en una relación entre "compinches".

Puede que sea difícil "regresar el genio a la lámpara" pero por lo menos puede comprometerse a evitar que la relación de negocio de debilite más.

Respuesta: El beneficio es que la amistad pudiera facilitar la comunicación. El peligro es que la amistad puede confundir los límites de la relación profesional y devaluar lo que aportan ambas partes.

REGLA SANDLER #30

NO PUEDE PERDER NADA QUE NO TIENE
"YOU CAN'T LOSE ANYTHING YOU DON'T HAVE"

¿Alguna vez malgastó tiempo y esfuerzos en una venta que de todas maneras nunca iba a cerrar?

- ¿A qué le teme?
- ¿Sufre usted de estrechez mental?
- ¿Es usted un novato o un profesional?

El miedo a perder una venta que todavía no se ha logrado es algo que persigue a demasiados vendedores.

Este temor nos impide hacer las preguntas que hay que hacer. Este temor nos impide lograr nuestro objetivo que es o cerrar la venta, o descubrir que la oportunidad no califica y seguir adelante.

> ¿TEME USTED A "ALIENAR" A ALGUIEN QUE NO LE VA A COMPRAR NADA?

¿QUÉ ESTÁ SUCEDIENDO?

Cuando el proceso de venta se extienda, cuando un prospecto no cumple con un compromiso o detiene el proceso, tenemos que ser asertivos-que es diferente a ser "agresivo"- y de forma directa, atender los asuntos con el prospecto. .

¿Que está sucediendo? ¿Qué va a suceder después? Como profesional, usted tiene el derecho y la obligación de hacer estas preguntas. Sin embargo, con frecuencia, el miedo a "alienar" al prospecto y "destruir la oportunidad" de cerrar la venta nos impide tomar este tipo de acción.

Si permitimos que el miedo nos detenga de aclarar lo que está sucediendo, y ajustamos nuestro plan basado en esto, somos novatos, no profesionales de venta.

PONER LOS PIES EN LA TIERRA

No puede perder una venta que no ha logrado. El único riesgo que se toma al atender de forma directa las tácticas de retraso por parte del prospecto, es el "riesgo" de descubrir la verdad. Y, si esa verdad es que no va a cerrar la venta, ¿por qué posponer enfrentarse a la verdad?

Los psicólogos sostienen que una de las causas que impide que los vendedores acepten la realidad ante este tipo de prospectos, es la "estrechez" mental. Las personas con estrechez mental creen que no existen muchas oportunidades. Que hay escasez de oportunidades reales. Entienden que tienen que aprovechar cada oportunidad, por que si no lo hacen, alguien más la aprovechará. ¿Se da cuenta de cómo este tipo de pensamiento, causará que insista en una oportunidad dudosa por mucho más tiempo y que actúe de forma que pudiera revelar el valor real de la oportunidad?

"Creo que esta venta en algún momento se logrará".

"Por lo tanto, es mejor no antagonizar con el prospecto que entiendo actúa a mi favor, aunque no tengo pruebas que confirmen que actúa a mi favor".

"Si antagonizo con esta persona, pudiera molestarse y comprarle a otra persona."

¿De dónde provienen este tipo de pensamientos? Por lo general, de programaciones de la niñez- los mensajes que recibimos de nuestros padres y otras figuras de autoridad desde que comenzamos a caminar hasta el momento de ir a la escuela. Puede que nos hayan dicho que los reconocimiento había que ganárselos. No es un mal consejo, a menos que viniera acompañado por el sermón de que *los reconocimientos son escasos y poco frecuentes.* ¿Le dijeron alguna vez que *dinero ahorrado es dinero ganado?* ¿Que el *dinero no crece en los árboles?* ¿Cuál es el mensaje emocional detrás de esas enseñanzas? No le viene a la mente la palabra "especulación" ¿No es lo que hace cuando insiste en un prospecto que no califica?

¿Alguna vez le dijeron que la vida es un concurso o *batalla*. La implicación detrás de ese mensaje es que usted es un ganador o un perdedor. Si sus acciones se guían por este pensamiento, entonces dejar pasar una oportunidad, aunque sea la peor, significa que perderá y que otra persona, quizás la competencia, ganará

"ODIO PROSPECTAR"

Otro elemento que guía los miedos de los vendedores y causa que insistan en un oportunidad de pobre calidad por tiempo prolongado es aceptar que tienen que reemplazar al prospecto. Algunos vendedores hacen lo indecible por evitar prospectar. Para muchos, el dolor *que sienten* al prospectar es mayor que el dolor de perder ingresos mientras insisten en una oportunidad que no tiene futuro.

Si se ha encontrado en una situación similar, debe saber, que el dolor *real* de prospectar es mucho menor que el dolor de insistir en una oportunidad que no va para ningún lado. En Estados Unidos había un viejo comercial de televisión de Fram, una compañía de filtros de aceite para autos, que presentaba a un mecánico afanado que aconsejaba a los automovilistas que esperaban mucho tiempo entre cambios de aceite "págueme ahora...o págueme después". Este principio es el mismo para ventas. Puede pagar una suma pequeña ahora-prospectar- para reemplazar un prospecto que no tiene futuro. O, puede pagar una suma mayor después- tiempo y energía malgastadas, frustración, decepción, y claro, ninguna venta- y de todas maneras al final tener que buscar otro prospecto.

(Refiérase también a la Regla #7, *No tiene que gustarle prospectar, sólo tiene que hacerlo,* y la Regla #31: *Cierre la venta o cierre el archivo.*)

COMPRUEBE SU APRENDIZAJE

¿Cuál es la razón principal de insistir en oportunidades que no tienen futuro, en vez de reemplazarlas por otras?

Busque la respuesta abajo.

COMPORTAMIENTOS

Identifique oportunidades actuales en las que por miedo, insiste. Comprométase a tener una conversación con esos prospectos para obtener un compromiso firme de parte de ellos de agilizar el proceso dentro de un tiempo determinado, o para cerrar el archivo.

Respuesta: La razón principal es por lo general miedo: Miedo a que no se presentará otra oportunidad; miedo a que si se deja pasar la oportunidad, alguien la aprovechará; miedo a tener que prospectar para encontrar otras oportunidades.

REGLA
SANDLER #31

CIERRE AL VENTA O GUARDE EL ARCHIVO
"CLOSE THE SALE OR CLOSE THE FILE"

¿Alguna vez pasó por alto una señal de que en realidad "no había oportunidad de negocio"?

- ¿Tiene mi producto o servicio buena compatibilidad?
- ¿Está esta persona dispuesta a trabajar con usted?
- ¿Serán sus esfuerzos más productivos en otro lugar?

A muchos vendedores se les enseña a "nunca aceptar 'no' como respuesta". Cuando el prospecto dice "no", el vendedor de forma mental consulta su lista de "superar evasivas y objeciones" y contraataca con una respuesta diseñada para convertir el "no" en "sí". Claro está, el prospecto también tiene su lista de respuestas. El proceso continúa sin terminar hasta que alguien o la lista de alguien se agota.

> SEPA CUÁNDO DEJAR PASAR LA OPORTUNIDAD.

TIENE QUE SABER DÓNDE ESTÁ PARADO

Llega el momento cuando tiene que decidir cerrar la venta o guardar el archivo. Hay buenas probabilidades que de forma intuitiva, usted sepa cuándo ha llegado ese momento con el prospecto. Si no sabe, o piensa que no sabe, pida ayuda al gerente de ventas o a un colega para que le arroje luz al respecto.

Presionar por un "sí", ignorar la posibilidad de que su producto o servicio no es compatible, no aceptar un "no" que se expresa de forma directa o indirecta, le llevará a un callejón sin salida. El resultado será, tiempos, esfuerzos, y recursos malgastados que se pudieran haber invertidos en otras oportunidades. Si la decisión de compra del prospecto es "no", el sentido común dicta que obtenga esa decisión lo más pronto posible. Hay que repetirse: ¡Mientras más rápido sepa que no voy a lograr la venta, más rápido puedo dirigir la energía a oportunidades más rentables!

Si conoce su producto o servicio a cabalidad, entiende los problemas que puede solucionar y los resultados que puede lograr, podrá diagnosticar la situación del prospecto y determinar si su producto o servicio tiene buena compatibilidad. Si no es así, el proceso se detiene. Si es así, pero el prospecto no quiere llegar a un compromiso mutuo de relación de negocio, el proceso también se detiene.

¿QUÉ ES "BUENA COMPATIBILIDAD"?

Una "buena compatibilidad" es sólo una buena compatibilidad si por la inversión que el prospecto quiere y puede hacer, usted tiene la capacidad de entregar el producto o servicio de la forma y dentro del tiempo que el prospecto requiere. Si no puede cumplir con todos los requisitos, acepte que seguir insistiendo en esta oportunidad lo llevará a un "no". Reconozca el "no" eventual ahora...y deje pasar la oportunidad.

Puede intentar esconderlo, evitarlo e incluso negarse a reconocerlo, pero un "no" hoy seguirá siendo un "no" mañana. ¡Cierre la venta- o guarde el archivo!

(Refiérase también a la Regla #43, *No se aprende a ganar con un "Sí"- se aprende a ganar con un "No"*)

COMPRUEBE SU APRENDIZAJE

¿DE QUÉ MANERA EL ENTENDIMIENTO DEL CONCEPTO DE "BUENA COMPATIBILIDAD" FACILITA GUARDAR EL ARCHIVO DE UNA VENTA QUE NO PROGRESA?

BUSQUE LA RESPUESTA ABAJO.

COMPORTAMIENTOS

EXAMINE CUALQUIER OPORTUNIDAD QUE SE HA RETRASADO POR UN TIEMPO. DE FORMA CONCIENZUDA, ANALICE LA OPORTUNIDAD Y DETERMINE SI SU PRODUCTO O SERVICIO TIENE EN REALIDAD UNA BUENA COMPATIBILIDAD CON LA SITUACIÓN. DE NO SER ASÍ, GUARDE EL ARCHIVO. SI LO ES, ATIENDA EL ASUNTO CON EL PROSPECTO Y DETERMINE CON EXACTITUD QUÉ HAY QUE HACER PARA ADELANTAR EL PROCESO. SI EL PROSPECTO NO ESTÁ DISPUESTO A HACER UN COMPROMISO ACEPTABLE, GUARDE EL ARCHIVO.

Respuesta: Si el proceso de venta se ha detenido y un análisis crítico revela que su producto o servicio no satisface las necesidades del prospecto mejor que la competencia, es tiempo entonces de dejar pasar la oportunidad. Al final, los prospectos se inclinan hacia productos y servicios que son los más compatibles con su situación. Si no es usted, guarde el archivo y a buscar otra oportunidad.

REGLA SANDLER #32

OBTENGA UN "LE DEBO ALGO" EN TODO LO QUE HAGA

"GET AN I.O.U. FOR EVERYTHING YOU DO"

¿Se esfuerza más allá de lo normal- y recibe poco o ningún crédito?

- ¿Tiene por costumbre dar servicio de "gratis"?
- Los clientes deberían reconocer el esfuerzo
- Utilice los "le debo algo" para asegurar victorias futuras.

> EL CLIENTE DEBERÍA RECONOCER Y RECORDAR LOS ESFUERZOS QUE USTED REALIZA EN FAVOR DE ÉL.

Siempre nos sorprende ver en nuestro seminarios la cantidad de vendedores que están dispuesto a ofrecer servicio de "gratis" a sus clientes.

Parece ser que el vendedor entiende que al ofrecer servicios gratuitos, el cliente a cambio tendrá algunas consideraciones. Esto no es una mala idea siempre y cuando el cliente pueda "leer mentes", (Refiérase a la Regla #13 *No leer mentes*), pero la realidad es que en la mayoría de las ocasiones esta estrategia no rinde muchos frutos.

USTED YA HACE DEMASIADO TRABAJO DE "GRATIS"

Vender es una de las pocas profesiones en donde la mayoría del trabajo preliminar que se realiza, técnicamente, es "de gratis". ¿Cobramos a un prospecto por el tiempo, esfuerzo y energía que conlleva hacer una propuesta? ¿Se imagina si usted fuera al cine y le dijera al cajero, "Voy a entrar a ver la película. Si me gusta, le pago cuando salga"? ¿Se imagina si le dijera a un taxista que le va a dejar saber cuando entiende que le gusta la travesía para que entonces él encienda el taxímetro? En esencia esto es lo que sucede todos los días cuando interactuamos con prospectos que "están considerando" hacer negocio con nosotros.

Una vez el prospecto se convierte en cliente, tenemos que tener claro qué aportamos a la relación. Claro está, no sugerimos que usted tiene que parar de ofrecer servicios a los clientes. Esta Regla se refiere a algo bien diferente: Busque maneras de ayudar al cliente a *identificar y reconocer* el esfuerzo que usted realiza a su favor.

¡Créalo o no, algunos clientes entienden que su compañía le paga a usted por los servicios "libre de costo"! Ese no es el caso, claro está, por lo que el cliente tiene que saberlo.

EL ARTE DE OBTENER UN "LE DEBO ALGO"

A continuación una situación que ilustra este punto.

> *Cliente:* Héctor, ¿me puede traer el sábado a la oficina algunas cajas adicionales del producto #243? Se nos acabó.
> *Usted:* Sr. López, me gustaría ayudarlo, pero puede que tenga un problema. Permítame preguntarle algo, ¿cuán grande es la necesidad?

(Claro está, su intención es llevarle las cajas.)

Cliente: Bien grande.

Usted: ¿Cuánto tiempo va estar en la oficina esta mañana?

Cliente: Toda la mañana.

Usted: Le llamo en unos minutos. Tengo que cambiar el itinerario de algunas cosas que tenía para el sábado en la mañana.

Usted: (Cuando devuelva la llamada.) Buenas noticias – se las puedo entregar el sábado a las 10:00 am.

Su primera movida pudo haber sido, "No hay problema. Con gusto se las llevo el sábado en la mañana". Sin embargo, en el ejemplo anterior, el cliente recibe un mensaje sutil de que usted "se salió de lo normal" para cambiar planes previos.

Luego de varias situaciones parecidas a la anterior, cuando está en igualdad de condiciones con la competencia, los "le debo algo" podrían generarle órdenes adicionales. ¡No tiene que recordarle al cliente lo que hizo- los "le debo algo" están patentes!

COMPRUEBE SU APRENDIZAJE

¿POR QUÉ OBTENER UN "LE DEBO ALGO" DE PARTE DE UN BUEN CLIENTE POR UN SERVICIO O FAVOR QUE CON GUSTO HARÍA?

BUSQUE LA RESPUESTA ABAJO.

COMPORTAMIENTOS

IDENTIFIQUE LOS SERVICIOS DE VALOR AÑADIDO QUE EN OCASIONES LE OFRECE A SUS CLIENTES. DESARROLLE ALGUNAS ESTRATEGIAS PARA OBTENER UN "LE DEBO ALGO" DE PARTE DE ELLOS.

Respuesta: Obtener un "le debo algo" posiciona al servicio como un "valor añadido" de su producto o servicio. No obtener un "le debo algo" puede dejar al cliente con la impresión de que el servicio es parte de la compra original por lo que no representa un valor añadido. Con esa impresión, el cliente puede desarrollar con facilidad el hábito de exigir-y esperar- esos favores con regularidad.

REGLA SANDLER #33

DE CAMINO AL BANCO, MANTÉNGASE MIRANDO POR ENCIMA DEL HOMBRO

"ON YOUR WAY TO THE BANK, KEEP ONE EYE OVER YOUR SHOULDER"

¿Alguna vez perdió una venta que pensó había cerrado?

- ¿Está en realidad "cerrada"?
- ¿Qué podría salir mal?
- ¿Qué problemas futuros puede resolver ahora?

> ¿QUÉ TIENE QUE HACER PARA QUE LA COMISIÓN "ESTÉ ASEGURADA"?

Concluyó la presentación; el prospecto dijo "sí", y se comprometió a enviar un facsímil de la orden de compra la siguiente mañana. Tomó más tiempo de lo normal y tuvo que superar muchos obstáculos, pero valió la pena: la venta representa un buen por ciento de su cuota, buena rentabilidad para la compañía y un cheque de comisión considerable para usted. Es momento de un apretón de manos, regresar a la oficina y esperar por el facsímil.

¿O, no?

¿CUÁN CERRADA ES "CERRADA"?

Antes que la comisión *esté asegurada*, se tiene que cerrar la venta... realmente cerrarla. Esto significa que la orden se tiene que recibir, procesar, el producto o servicio entregar y que el prospecto lo acepte. Antes de salir de la oficina del prospecto, pregúntese: ¿Qué problemas internos pueden interrumpir el proceso?

No nos referimos al remordimiento del comprador. La pregunta a considerar bajo esta regla sería: ¿Habrá otra persona que toma las decisiones, o quizás un comité, que pudiera revocar la decisión? ¿Habrá un suplidor actual que tenga "una última oportunidad" de hacer una mejor oferta? ¿Se pudiera detener la compra por alguna razón?

Si la contestación a alguna de estas preguntas es "No estoy seguro", entonces está en problemas.

¿SABE CON SEGURIDAD QUE IRÁ AL BANCO?

Identifique los obstáculos potenciales internos que pudieran evitar que se cierre la venta. Con suerte, estos asuntos se pudieran atender y resolver antes de la presentación. Si existe algo sin resolver, atiéndalo de *inmediato* después de obtener la decisión del prospecto. Si existe la mínima posibilidad de un obstáculo, busque la forma de discutir el asunto de forma directa, y encuentre la manera de remover la barrera potencial. Si la venta "cerrada" no está en realidad cerrada, es mejor conocer ahora los elementos organizacionales que le pueden detener de ir al banco.

(Refiérase también la Regla #6: *No compre mañana el producto o servicio que vendió hoy,* que trata sobre el remordimiento del comprador, y la Regla #20, *La meta principal del profesional de ventas es ir al banco.*)

COMPRUEBE SU APRENDIZAJE

Usted ha sellado el trato, obtenido la firma para una orden de compra, y concluyó con un apretón de manos. ¿Qué falta por hacer?

Busque la respuesta abajo.

COMPORTAMIENTOS

Piense en situaciones pasadas donde un "negocio seguro" dejó de serlo...e identifique las circunstancias que causaron el descarrilamiento. Piense en lo que pudo haber hecho para darse cuenta de la situación con anterioridad, y qué pudo haber hecho para evitarlo.

Respuesta: Hasta que el producto o servicio no se entregue y el prospecto lo acepte, el negocio se puede malograr- a pesar de que la orden esté firmada y a pesar del apretón de manos. Usted tiene que anticipar todo lo que pudiera salir mal dentro de la organización compradora...y estar preparado a lidiar con ello antes que se descarrile la venta.

PARTE TRES:

EL CURSO CORRECTO

Recuerde lo que es fácil de olvidar.

REGLA SANDLER #34

TRABAJE DE FORMA INTELIGENTE, NO ARDUA
"WORK SMART, NOT HARD"

¿Alguna vez insistió por demasiado tiempo en un prospecto sin futuro?

- ¿Cuál es la diferencia entre "trabajar inteligente" y "trabajar arduo"?
- La mentalidad de "todo o nada".
- ¿Intenta usted establecer un punto?

Ronald Reagan, ex presidente de los Estados Unidos, dijo una vez, "Es cierto que trabajar arduo nunca mató a nadie, pero me pongo a pensar, ¿por qué tomarse el riesgo?"

Existe una creencia de que mientras más arduo trabaje, más logrará. No hay duda que la persistencia y el trabajo arduo rinden frutos en algunas situaciones: Por ejemplo, los atletas profesionales no se hacen "profesionales" de la noche a la mañana. La persistencia y el trabajo arduo es parte integral de su plan. Pero su régimen de entrenamiento es inteligente. Conocen sus límites, enfocan sus esfuerzos y establecen un ritmo. No se extralimitan o toman atajos para acelerar el proceso.

> EN VENTAS UTILICE LA ESTRATEGIA DE "LA PATA DE MONO".

¿TRABAJA USTED DE FORMA INTELIGENTE?

En ventas, trabajar de forma inteligente significa utilizar un sistema *eficiente* para identificar, calificar, y desarrollar las oportunidades de venta. El sistema debe girar en torno a *criterios específicos* que se tienen que cumplir en varias etapas para agilizar el proceso y completar la venta. Si no se pueden cumplir los criterios, es tiempo de abandonar la oportunidad y buscar otra que sea más viable.

Insistir en una oportunidad que no tiene futuro- quizás porque ya ha invertido demasiado tiempo, o por que quiere probarle algo a alguien- no es un uso productivo del tiempo. Eso es trabajar de forma ardua y en definitiva no es trabajar de forma inteligente. (Refiérase también a la Regla #30: *No puede perder nada que no tiene.*)

Piense en el caso del vendedor que tiene una fijación con la "gran venta". En ocasiones ese enfoque testarudo lleva a trabajar de forma ardua por un periodo de meses (¡o años!) y a un "no". Por el contrario, un poco de trabajo *inteligente* podría llevar a un "sí" en poco tiempo.

NO TIENE QUE SER TODO O NADA

Si alguna vez observó un crucero llegar a puerto puede haber notado las enormes sogas que amarran la nave al muelle. ¿Cómo hacen llegar esas sogas de la nave- cerca de diez pisos de altura- al muelle? Utilizan lo que se conoce como La Pata de Mono- una pequeña bola amarrada a una línea diametral, amarrada a la enorme soga. Un miembro de la tripulación de la nave lanza la bola a la persona que trabaja en el muelle, la persona de abajo hala la bola, la línea y la enorme soga hacia el muelle.

¿Qué tiene que ver esto con ventas?. Bueno, si usted vende algo de mucha envergadura, puede que sea difícil que el prospecto tome una decisión de todo o nada. Pero, ¿qué tal si divide la venta en porciones pequeñas?

Por ejemplo: ¿podría usted vender un proyecto o estudio de investigación? ¿Existe un proyecto de un día de consultoría que pudiera hacer? ¿Existe un periodo de prueba de treinta días que pueda vender? Pregúntese qué puede vender que sea de menor alcance, costo o riesgo percibido. El prospecto puede que no esté listo para comprometerse a una venta de envergadura, pero pudiera estar listo para hacer un compromiso de menos envergadura. Esta estrategia aleja al cliente de la competencia y reduce la pared comprador/vendedor.

De manera que lance La Pata de Mono. Obtenga un pedazo pequeño primero y luego sírvase de más, poco a poco.

¡NO SE TIENDA TRAMPAS A SÍ MISMO!

Existen muchas maneras para que los vendedores se engañen a sí mismos en pensar que producen por *trabajar arduo-* cuando pudieran estar *trabajando inteligente.* Con frecuencia, el trabajo arduo que realizan es el resultado de tipos de trampas que se tienden a sí mismos.

¿Está el *trabajo arduo* que realiza atado a alguna clase de punto abstracto sobre (por ejemplo) si el mundo es "justo" o no? ¿Está el *trabajo arduo* que realiza atado a recibir la aprobación de alguien? (¿Un prospecto? ¿El jefe? ¿Algún miembro de la familia?) ¡Cuídese de estas trampas! Los profesionales de venta más efectivos han aprendido a evadirlas.

COMPRUEBE SU APRENDIZAJE

¿Qué se requiere para trabajar de forma "inteligente"?

Busque la respuesta abajo.

COMPORTAMIENTOS

Examine de manera honesta los motivos y motivaciones que guían su enfoque hacia las ventas. ¿Están guiadas sus acciones por un sistema con puntos de referencia específicos que tiene que completar para agilizar el proceso? ¿O en ocasiones se ve insistiendo en una oportunidad por razones emocionales?

Comprométase a tomar acciones que se basen en criterios medibles, no por razones emocionales que provoquen que insista en oportunidades que a toda luz no son apropiadas o en otras que no cumplen ya con sus criterios.

Respuesta: Trabajar de forma inteligente requiere el uso de un enfoque sistemático para desarrollar las oportunidades de venta. El sistema tiene que definir con exactitud qué tiene que suceder en cada etapa del proceso para agilizar la venta.

REGLA SANDLER #35

SI LA COMPETENCIA LO HACE, PARE DE HACERLO DE INMEDIATO

"IF YOUR COMPETITION DOES IT, STOP DOING IT RIGHT AWAY"

¿Alguna vez perdió una venta por que no fue efectivo en diferenciarse de la competencia?

- ¿Dónde descansa la ventaja competitiva?
- Los novatos descansan mucho en el producto o servicio.
- ¿Se distingue usted por sí solo?

Años atrás, había un comercial de televisión de la compañía Xerox que mostraba a un vendedor que se presentaba a un prospecto diciendo, "¡Y es casi como una Xerox!" En los segundos finales del comercial aparecía el vendedor que con confianza decía, "¡Es una Xerox!"

> ESTABLEZCA UN PLAN DE JUEGO QUE SEA ÚNICO.

Esa agencia de publicidad tiene que haber hecho una fortuna con ese comercial. Es interesante notar, que, según el comercial, todas las copiadoras son más o menos iguales. ¡Al igual que todos los vendedores! Quizás la agencia de publicidad pudo haber mejorado el mensaje un poco si hubiese ilustrado a un producto de calidad "superior" y a un vendedor de calidad "superior" que de alguna forma sobresaliera.

¿Dónde descansa la ventaja competitiva? ¿En el producto? ¿En el vendedor?

Usted es un profesional de ventas. No hay duda que representa un buen producto o servicio. Sin embargo, usted y lo que vende no son uno ni lo mismo.

Los vendedores novatos descansan mucho en los productos o servicios. El profesional se distingue por sí solo. Tiene que tener un enfoque único de presentar no sólo el producto sino que también a usted mismo.

¿SABE USTED LO QUE ESTÁ HACIENDO LA COMPETENCIA?

Échele un vistazo a la competencia y vea si puede establecer un plan de juego que sea único. Por ejemplo: si la competencia basa sus reuniones de venta en presentaciones electrónicas largas, ¿qué puede hacer diferente?

BUSQUE MANERAS DE DISTINGUIRSE

Siempre existe *algo* que pueda hacer para distinguirse por sí solo, *algo* que pueda hacer que sea único en el mercado. Si en realidad se considera un profesional, encontrará qué ese "algo" es- y lo integrará en todo lo que hace todos los días.

Una oportunidad clásica de diferenciación se podría encontrar en concentrarse en las características y beneficios únicos de "valor añadido" que su compañía ofrece para acomodar las necesidades particulares de los prospectos y clientes específicos, que por tanto crearán una conexión única en su clase que ningún competidor podrá superar. Esto es arte, no es ciencia. Sin embargo, en el ambiente de ventas actual que se guía por la tecnología es en definitiva es algo que hay que dominar.

Si escoge seguir este camino, recuerde que el "valor añadido" es valioso sólo *si el prospecto descubre una necesidad por lo que usted ofrece.* Sin este entendimiento, el "valor añadido" se convierte en un gasto "añadido" ante los ojos del prospecto y en una razón para negociar el precio o rechazar el producto. Tiene que hacer un cambio mental, de vendedor a consultor, en usted y el prospecto. En resumen, tiene que diagnosticar antes de recetar... y luego conectar los puntos de una forma que la competencia no pueda.

> # COMPRUEBE
> # SU APRENDIZAJE
>
> ¿ES IMPORTANTE SABER
> LA FORMA COMO VENDE LA
> COMPETENCIA? SI ES ASÍ,
> ¿POR QUÉ?

BUSQUE LA RESPUESTA ABAJO.

COMPORTAMIENTOS

HAGA UNA LISTA DE DIEZ COSAS QUE USTED Y SU ORGANIZACIÓN PUEDEN OFRECER QUE LA COMPETENCIA NO. ACOMÓDELAS POR ORDEN DE PRIORIDAD DE ACUERDO CON LO QUE ENTIENDE ES MÁS IMPORTANTE PARA UN PROSPECTO ACTUAL.

Respuesta: Sí. Hay que saber lo que la competencia está haciendo...de manera que pueda establecer una posición única de usted y su organización.

REGLA
SANDLER #36

SÓLO AQUELLOS CON CAPACIDAD PARA TOMAR DECISIONES INFLUENCIAN A OTROS A QUE LAS TOMEN
"ONLY DECISION MAKERS CAN GET OTHERS TO MAKE DECISIONS"

¿Alguna vez perdió una venta por que no tomó la decisión correcta?

- Controle su proceso
- Tome buenas decisiones de "seguir/ no seguir".
- Actúe de una forma que apoye sus decisiones.

Vender es un proceso de desarrollo que se guía por las decisiones que usted, el vendedor, toma.

Vender es lo que tiene lugar cuando se lleva al prospecto a través de un proceso paso por paso, cada paso que pudiera llevar a la descalificación del prospecto y a sacarlo del proceso. Si no se descalifica la oportunidad, la venta progresa hasta culminar en una decisión de compra por parte del prospecto.

> USTED, EL VENDEDOR TIENE MUCHAS DECISIONES QUE TOMAR.

A pesar de que el prospecto tiene una decisión básica por tomar durante el proceso-comprar o no comprar- usted, el vendedor, tiene muchas decisiones que tomar. En cada paso del proceso, tiene que tomar una decisión de "seguir/no seguir". Quiere decir, tiene que decidir si el prospecto califica para proseguir con el próximo paso, y si se continúa o no con la inversión de tiempo y recursos de la compañía en el proceso. Estas son decisiones críticas. Tiene que tomarlas dentro de un tiempo determinado.

La capacidad que usted tenga para a) tomar estas decisiones y b) actuar de manera que apoye esas decisiones, determinará la duración del ciclo de venta, y al final, el número de ventas que cierra dentro de un periodo de tiempo específico. Para usted, un profesional de ventas, no debe existir un periodo extendido de "lo voy a pensar". El prospecto tiene que cumplir con los criterios que usted estableció o no. Se pasa a la persona a la próxima fase del ciclo de venta o no. Usted es la persona que toma decisiones más importante dentro del proceso.

NO ARRASTRE LOS PIES

Mientras más rápido tome las decisiones, más corto será el ciclo de venta y mayores son las posibilidades de cerrar más ventas. Por otro lado, arrastrar los pies hacia la decisión lleva a ciclos de venta más largos y a menos ventas.

Si el desarrollo del proceso progresa lo suficiente, realizará una presentación con el propósito de obtener una decisión de compra. Si ha sido decisivo en establecer el "seguir/no seguir", se sentirá cómodo en pedirle al prospecto que se comprometa a tomar una decisión de "comprar/no comprar" al momento de la presentación. Esta petición será congruente con los comportamientos y acciones que usted ha exhibido delante del prospecto hasta el momento.

No sólo se sentirá cómodo en pedirle al prospecto que tome una decisión de "sí/no", sino que también, debido a que ya conoce las desventaja de los "lo voy a pensar", se sentirá cómodo en darle permiso al prospecto de decir "no"- en vez de algún tipo de "lo voy a pensar"- si tiene alguna duda sobre si su producto o servicio es compatible con las necesidades que tiene. (Refiérase también a la Regla #4 *Una decisión de no tomar una decisión es una decisión.*)

David Mattson

COMPRUEBE SU APRENDIZAJE

¿POR QUÉ LAS DECISIONES QUE TOMA DURANTE EL DESARROLLO DEL PROCESO SON MÁS IMPORTANTES QUE LA DECISIÓN DE COMPRA FINAL POR PARTE DEL PROSPECTO?

BUSQUE LA RESPUESTA ABAJO.

Respuesta: En etapas críticas durante el proceso de venta, tiene que tomar decisiones que lleven a continuar o a terminar el proceso. La capacidad que tenga para juzgar con certeza cada etapa, determinará cuántas oportunidades culminarán en decisiones de compra por parte de los prospectos.

COMPORTAMIENTOS

Examine su proceso de venta e identifique los puntos específicos de decisión de "seguir/no seguir". ¿Cuán cómodo se siente al tomar esas decisiones?

Piense en sus presentaciones de venta. ¿Cuán cómodo se siente y cuán efectivo es usted en lograr que los prospectos se comprometan a tomar decisiones de "compro/no compro" al momento de las presentaciones? ¿Cuán efectivo en realidad es en obtener ese tipo de decisiones en vez de aceptar algún tipo de "lo voy a pensar"?

¿Cuántas de las presentaciones que realiza tienen la intención de obtener un compromiso firme por parte del prospecto a tomar una decisión? ¿Cuántas decisiones de compra obtiene por parte de prospectos que al final de la presentación dicen "lo voy a pensar"?

¿-A qué conclusiones llegó producto de estos comportamientos?

REGLA SANDLER #37

TODOS LOS PROSPECTO MIENTEN, TODO EL TIEMPO
"ALL PROSPECTS LIE, ALL THE TIME"

¿Alguna vez se preguntó por qué un prospecto lo confundió?

- ¡Es cierto-todos mienten!
- La variable es por qué...y sobre qué.

Bueno puede que sea un poco exagerado asegurar que *todos* los prospecto mienten *todo* el tiempo pero la idea subyacente es sonora y considerable.

> NO SE DEJE CONFUNDIR.

Digamos que los prospectos tienen la tendencia de no ser del todo veraces la mayoría del tiempo. Por ejemplo, un prospecto proclama que es quien toma las decisiones, pero no revela que tiene que obtener aprobación del Presidente Ejecutivo. Otro prospecto expresa que está deseoso de agilizar el proceso, pero no confiesa que la decisión final no se hará hasta dentro de tres meses.

¿POR QUÉ LOS PROSPECTOS MIENTEN?

Muchos prospectos entienden que es necesario confundir a los vendedores. Quizás creen que se protegen a sí mismos de los que en ocasiones serían vendedores ansiosos que se precipitan con la primera "señal de compra". O tal vez, intentan cubrir áreas vulnerables- con toda probabilidad no están dispuestos a admitir que existen áreas de las que no tienen mucho conocimiento.

Para evitar que lo confundan, necesita hacer algunas preguntas para confirmar todo lo que el prospecto dice. Si el prospecto expresa que es él quien toma las decisiones, pregunte si existe otra persona que participaría en la decisión...o quién tendría el poder de revocar la decisión. Para el prospecto que quiere agilizar el proceso, pregunte cuán pronto tiene que tomar la decisión...y qué pasaría si el proceso se retrasa.

Un buen ejemplo lo podemos encontrar en la serie televisiva *House* que presenta al Dr. Gregory House, un doctor que tiene una obsesiva desconfianza por los pacientes- que se fundamenta en la creencia de que todos los pacientes mienten. House sabe por experiencia que los pacientes tiene la tendencia de confundir a quien lo quiere ayudar, incluso cuando su vida corre peligro. "Es una llana verdad de la condición humana que todo el mundo mienta", opina House en un episodio. "La única variable es sobre qué". La similitud entre pacientes y prospecto se explica por sí sola.

No. No debe utilizar el enfoque de House como un modelo para interactuar con los prospectos- pero debería ser tan escéptico como él. Puede que los prospecto no mientan todo el tiempo, pero si usted procede como si así lo fuera, y luego confirma todos y cada uno de los pedazos de información que recibe, tiene mayores posibilidades de obtener un cuadro más claro de la oportunidad.

COMPRUEBE SU APRENDIZAJE

¿DE QUÉ MANERA PARTIR DE LA PRESUNCIÓN DE QUE "TODOS LOS PROSPECTOS MIENTEN" APORTA A UNA RELACIÓN DE NEGOCIOS PRODUCTIVA?

BUSQUE LA RESPUESTA ABAJO.

COMPORTAMIENTOS

IDENTIFIQUE TRES SITUACIONES DONDE RE CONFIRMAR DATOS TALES COMO, "YO TOMO TODAS LAS DECISIONES" O "EL DINERO NO ES PROBLEMA", LE PUDO HABER SIDO DE UTILIDAD.

Respuesta: Esta estrategia requiere que usted re confirme lo que el prospecto dice (o que entendió que dijo). Presumir que "todos los prospectos "mienten" evita que actúe basado en presunción es falsas y malos entendidos.

REGLA SANDLER #38

EL PROBLEMA QUE EL PROBLEMA PRESENTA NUNCA ES EL PROBLEMA REAL

"THE PROBLEM THE PROSPECT BRINGS YOU IS NEVER THE REAL PROBLEM"

¿Alguna vez dio por cierto el "diagnóstico" de un prospecto?

- No acepte falsas premisas.
- Sea escéptico.
- ¿Es el problema real, o un síntoma?

Demasiados vendedores descansan en una falsa premisa cuando intentan "calificar" y desarrollar una oportunidad de venta.

Esta falsa premisa es: "Los prospectos entienden sus problemas lo suficiente como para reconocer lo que originó esos problemas e identificar soluciones viables cuando se reúnen con un vendedor que está dispuesto a hacer algunas 'preguntas de tanteo' "

Parece inverosímil cuando se expresa en palabras, ¿no? Sin embargo esta es precisamente la presunción bajo la cual trabajan los vendedores.

¿Alguna vez dio por cierto el "diagnóstico" de un prospecto sobre un problema? Eso es fácil que suceda. Mientras más complejos y apremiantes que luzcan los problemas, menos probabilidades hay que le prospecto haya invertido tiempo para hacer un análisis más allá de los síntomas que llevaron a identificar los orígenes de los problemas. Esto sucede aunque el prospecto sepa lo que busca, que como sabemos, sucede muy poco. .

En escuelas de psiquiatría clínica, la primera lección que hay que aprender es:

EL PROBLEMA QUE EL PACIENTE PRESENTA NUNCA ES EL PROBLEMA REAL

En escuelas de capacitación en ventas, la primera lección que hay que aprender es:

EL PROBLEMA QUE PRESENTA EL PROSPECTO NUNCA ES EL PROBLEMA REAL

El prospecto ha aprendido al cabo de los años a proteger las vulnerabilidades mediante no revelar los problemas "de entrada". Mostrar el verdadero "dolor" podría poner al prospecto en una situación indeseada y de alto riesgo. (Refiérase a la Regla #37, *Todos los prospectos mienten todo el tiempo*) Según nuestro punto de vista, esto pareciera ser lógico. ¿Por qué querría el prospecto hacer perder su tiempo y el mío? Para entender la lógica del prospecto, sobre la importancia de "protegerse" en las relaciones humanas, examinemos la siguiente situación entre un esposo y esposa.

Una noche, mientras navega en la Internet, nuestro prospecto se topa con un anuncio de una película y le dice a su esposa, "He escuchado buenas cosas de la última película de Matt Damon. ¿Tu no querrás ir a verla, verdad, mi amor?"

Esposa: "Bueno, puede que sí."
Prospecto: ";Qué tal esta noche?"

Esposa: "No. Esta noche no."

A lo cual nuestro prospecto, que se muere por ir, responde,

Prospecto: "Yo tampoco tengo ganas de ir esta noche."

Nuestro prospecto está a salvo. ¡No se expusieron ningunas vulnerabilidades!

Dinámicas similares entran en juego durante las conversaciones iniciales con cualquier vendedor. Por ejemplo, en nuestra industria, la gente pudiera decirnos que algunos miembros del equipo de ventas tienen problemas con las "técnicas para cerrar". Nos vemos obligados entonces a preguntar si es ese el problema real- o si sólo es un síntoma de una situación mayor, tal como que los vendedores invierten mucho tiempo con personas que no tienen autoridad para tomar decisiones. Entonces es un problema de calificación de oportunidades, no de cerrar ventas

La próxima vez que se vea tentado a aceptar las conclusiones que ofrece el prospecto sobre el problema- no lo haga. En esta circunstancia confiar en lo que dice el prospecto no es una buena idea. Cuando lo hacemos, podríamos dejarnos "convencer" por las percepciones que tiene el prospecto con relación a los problemas, que rara vez tienen que ver con la raíz causa, y son por lo general ilusorias. Además, podríamos dejarnos influenciar por la aparente "solución" y hacer un diagnóstico incorrecto del problema- "soluciones" que pudieran ser, en el mejor de los casos, prematuras y, en el peor de los casos, totalmente erradas.

EL DIAGNÓSTICO ES RESPONSABILIDAD DEL VENDEDOR

Como profesional en ventas, hay que tener un conocimiento exhaustivo no tan sólo de los productos y servicios que vendemos, sino que también de los problemas y retos potenciales del prospecto que visitamos o llamamos. Tenemos que saber cómo diagnosticar los problemas que los prospectos *perciben*- ir más allá del síntoma e identificar las causas subyacentes y el problema real a atender. Si no traemos ese conocimiento a la interacción de venta, es poco probable que lo adquiramos al estrechar la mano con el prospecto.

COMPRUEBE SU APRENDIZAJE

¿CÓMO PUEDEN EVITAR "DARLE VUELTAS" AL DESARROLLO DE "SOLUCIONES" A "PROBLEMAS" QUE NO SON LOS REALES?

BUSQUE LA RESPUESTA ABAJO.

COMPORTAMIENTOS

HAGA UNA LISTA DE SÍNTOMAS QUE LOS PROSPECTOS POR LO GENERAL CONFUNDEN CON PROBLEMAS O RETOS. LUEGO, POR CADA SÍNTOMA, IDENTIFIQUE UN PROBLEMA REAL SUBYACENTE QUE SE PUDIERA ATENDER CON SU PRODUCTO O SERVICIO.

Respuesta: Tiene que ser lo suficiente conocedor de su producto o servicio como para reconocer el problema subyacente cuando el prospecto los relacione a un SÍNTOMA. ¡El síntoma no es el problema!

REGLA

REGLA
SANDLER #39

CUANDO TODO FALLE, CONVIÉRTASE EN UN CONSULTOR

"WHEN ALL ELSE FAILS, BECOME A CONSULTANT"

¿Alguna vez llegó "al final del camino" con un prospecto- y no supo qué hacer para proseguir?

- Utilice la pregunta de "último recurso"
- "¿Es posible dejar de ser vendedor?"

> COMPARTA CONCEPTOS-VENDA LA IMPLANTACIÓN.

Ha realizado todo lo que tiene a su alcance, sus técnicas han sido impecables, pero el prospecto, por alguna razón, con todo y eso no compra. Ha hecho jugadas de aprendiz (Refiérase a la Regla #7 *El profesional de ventas hace lo que hacía cuando era un aprendiz- a propósito*) y como quiera sigue atascado.

A continuación una pregunta de "último recurso" que funciona con algunos prospectos:

Usted "¿Me permite dejar de ser un vendedor por un momento y ser un consultor?

La mayoría de los prospectos dirán "Está bien." (En la eventualidad poco probable que el prospecto no le dé permiso responda con una pregunta de "aprendiz" final. Por ejemplo: "¿Terminamos entonces?")

Cuando el prospecto esté de acuerdo con la idea de que usted se convierta en consultor, que es mucho más probable, tiene una oportunidad de: Realizar la mejor defensiva sobre qué sucedería si no compran su producto o servicio.

A continuación lo que diría – como consultor.

Usted: " Este es mi problema. Entiendo que lo que le he mostrado tiene sentido para usted. A mi entender es obvio que no está de acuerdo. De manera que, ¿cómo le digo, sin que se moleste, que puede impactar de forma negativa no tan sólo los números de producción, sino que también los resultados de negocio al continuar administrando el inventario con el sistema actual?"

¿No es esto para lo que se les paga a los consultores- dar consultoría directa y objetiva? Si el prospecto ya ha comprado su producto, ¿ no se convirtió usted en un consultor después que lo entregó?

Cuando asuma ese rol, debería compartir la misma información y pericia que compartiría un consultor. La pregunta principal no es cuánto conocimiento debería "compartir", si no cuáles *conceptos* está usted dispuesto a compartir. Tan pronto como entre en "el papel de consultor", ¡su objetivo debería ser compartir conceptos, y luego vender la implantación de esos conceptos!

Por ejemplo, un concepto de reducir los costos de manejo y almacenamiento es coordinar el proceso de inventario y órdenes de los materiales con los itinerarios de producción proyectados para lograr entregas a tiempo. La implantación sería la programación y los servicios de Tecnología Interna que integrarían la producción, el inventario y el sistema de órdenes. En esta etapa de la relación de negocio, su objetivo no debería ser un establecer un plan de implantación. La relación no ha madurado lo suficiente como para eso .

Cuando se ponga "el sombrero de consultor", desarrolle la consultoría en torno a los conceptos que hagan una conexión con la implantación. El objetivo es sembrar la semilla-el concepto- y brindar la información que despierte la imaginación del prospecto- que hará que la semilla germine. Luego venda la implantación.

Mientras más el prospecto entienda los conceptos en los que se basan su producto o servicio y entienda cómo esos conceptos se relacionan con los problemas, preocupaciones, y objetivos que tiene, más se inclinará a comprar la implantación. Piense en sus ideas y conceptos de producto como si fueran las reseñas que mueven a los lectores ir a comprar el libro, o los cortos de películas que hacen a los espectadores correr a las salas de cine. Cuando usted ayuda al prospecto a ver la implantación de su producto o servicio como una solución a sus problemas o como el camino hacia el logro de sus objetivos, se acerca más a la venta consultiva.

David Mattson

COMPRUEBE SU APRENDIZAJE

¿CÓMO EL CONOCIMIENTO QUE USTED "COMPARTE" COMO CONSULTOR LE RINDE FRUTOS CUANDO SE QUITA EL "SOMBRERO" DE CONSULTOR?"

BUSQUE LA RESPUESTA ABAJO.

COMPORTAMIENTOS

IDENTIFIQUE ALGUNAS SITUACIONES DONDE SERÍA APROPIADO CONVERTIRSE EN "CONSULTOR". DESCRIBA LAS SITUACIONES Y CUÁLES SERÍAN SUS RECOMENDACIONES COMO "CONSULTOR".

Respuesta: El conocimiento que comparte como consultor ayuda al prospecto a entender su situación...y a reconocer con mayor facilidad a el producto o servicio que usted vende como la solución de los problemas o como el camino para alcanzar objetivos.

REGLA SANDLER #40

FINJA HASTA QUE LO LOGRE
"FAKE IT 'TIL YOU MAKE IT"

¿Alguna vez le envió al prospecto el mensaje de que "necesitaba" la orden?

- Sea un maestro del arte de "actuar como si no necesitara el dinero".

Algunas ventas se pierden porque el prospecto percibe que el vendedor "necesita" la orden de compra. Un vendedor puede telegrafiar este tipo de mensaje mediante comportamiento nervioso, lenguaje corporal, indecisión, etcétera.

> ESTÁ BIEN QUERER UNA VENTA. LO QUE NO ESTÁ BIEN ES NECESITARLA.

Está bien *querer* una orden. Lo que no está bien es necesitarla.

Una técnica efectiva que le ayudaría a mantenerse bajo control ante la tentación de actuar basado en la necesidad de la venta es repetir en su mente una y otra vez, la siguiente frase:

TENGO INDEPENDENCIA FINANCIERA Y NO NECESITO ESTA VENTA.

No estamos sugiriendo, claro está, una estrategia de venta de negación ciega, pero el poder de este tipo de optimismo al que nos referimos es por el cual se guían siempre los mejores profesionales de ventas. ¿Si no necesitara el dinero, si tuviera independencia financiera, no sabría usted qué decir? ¿No se le ocurrirían preguntas con mayor facilidad?

Prospecto: ¿Por qué debería comprarle?

Usted: (Cauteloso, pero no áspero) Quizás no debería...pero permítame hacerle una pregunta... (y en ese momento continúe con su serie de preguntas.)

Recuerde, si de verdad tuviera independencia financiera, si no necesitara la venta, no actuaría arrogante o mendigaría la venta. ¡No tendría por qué hacerlo!

NÚMEROS CRUDOS

Algunas personas descartan el enfoque de "finja hasta que lo logre" (también conocido como "actúe como si nada") porque lo consideran "poco realista" o por que se basa en la "negación"

Si se siente tentado a pasar por alto esta regla de ventas basado en esas razones, deténgase un momento y considere la evidencia clínica que sustenta al principio de "finja hasta que lo logre". Un estudio reciente de la firma Segertrom en escuelas de derecho midió el optimismo en estudiantes de primer año, e hizo una correlación entre los ingresos futuros de estos estudiantes y la capacidad que tenían de pensar lo mejor sobre sí mismos, sus capacidades y circunstancias. El estudio, que utilizó en una escala de optimismo de cinco puntos, concluyó que, ¡cada punto ascendente en optimismo personal se traducía en un incremento en ingresos anual de $33,000 una década después!

Entendemos que esa curva de optimismo/ingresos es aún más empinada para los mejores profesionales de ventas, y tenemos miles de practicantes del Sistems de Ventas Sandler que comprueban este punto.

¿Qué mensajes "de necesidad" telegrafía usted en la actualidad? ¿Cómo los corregiría? ¿Qué tipo de mensajes positivo tipos "actúe como si nada" podría enviarse a sí mismo- y a los prospectos y clientes con quienes interactúa todos los días?

COMPRUEBE SU APRENDIZAJE

"FINGIR" SE REFIERE A:

☐ A) SU CONOCIMIENTO Y PERICIA

☐ B) ESTAR CONFIADO EN CERRAR LA VENTA

☐ C) CREER EN SU PRODUCTO O SERVICIO

☐ D) LA BUENA COMPATIBILIDAD DE SU PRODUCTO O SERVICIO CON EL PROSPECTO

BUSQUE LA RESPUESTA ABAJO.

COMPORTAMIENTOS

IDENTIFIQUE DOS SITUACIONES PASADAS DONDE HAYA REVELADO SU INVERSIÓN EMOCIONAL EN LA VENTA, O QUE HAYA EXPRESADO LA "NECESIDAD" DE CERRAR LA VENTA. ¿QUÉ ACCIONES ALTERNAS HUBIESE REALIZADO PARA PROYECTAR MAYOR OPTIMISMO Y UNA ACTITUD DE SEGURIDAD EN SÍ MISMO?

Respuesta: B) Estar confiado en cerrar la venta.

REGLA SANDLER #41

NO EXISTEN MALOS PROSPECTO-SÓLO MALOS VENDEDORES

"THERE ARE NO BAD PROSPECTS – ONLY BAD SALESPEOPLE"

¿Alguna vez echó culpas por una venta perdida a la personalidad y acciones de un prospecto?

- No se deje engañar por el síndrome de "esa persona no le compra a nadie".
- Asuma responsabilidad.

Muchos vendedores tienen la tendencia de exteriorizar sus problemas, en vez de asumir responsabilidad por lo que sucede con sus trabajos- y sus carreras. ¿Sabe qué? Todo lo que suceda en la relación con un prospecto o cliente- sea éxito o fracaso- es responsabilidad suya. Todo lo que suceda en su carrera- sea que tenga asignado un territorio bueno o malo, un gerente bueno o malo- es responsabilidad suya.

> TODO LO QUE SUCEDA CON LA CUENTA ES RESPONSABILIDAD SUYA.

Al final y a la postre, es usted el único profesional de ventas en su mundo. Si algo sale mal, usted y sólo usted es responsable. No regrese a la oficina y diga, "Creo que tuve un choque de personalidades con el prospecto". ¡Su trabajo es brindarle al prospecto cualquier personalidad que necesite!

Acepte responsabilidad por las elecciones que hace y las acciones que realiza. Esto es un principio fundamental, no tan sólo para del Sistema de Ventas Sandler, sino que también para un enfoque hacia la vida saludable. En cuanto a ventas se refiere, es de particular importancia aceptar esta Regla, porque la mayoría de los vendedores tienen la inclinación a *evitar* asumir responsabilidad profesional y personal cuando algo sale mal. En la mayoría de los casos, los vendedores exteriorizan sus problemas y fracasos. Echan la culpa, entre otras cosas, a los prospectos, clientes, a la economía, la competencia, a la gerencia, etcétera. Estos es lo que hace la *mayoría* de las personas- incluso la competencia. Esto significa que usted puede establecer una ventaja competitiva y personal sólo con construir el día, y su carrera en torno a esta regla. (Refiérase también a la Regla #35: *Si la competencia lo hace, pare de hacerlo de inmediato.*)

Tiene todo que ver con aprender de los errores. Si le echa la culpa al prospecto, se priva de la oportunidad de aprender del error, que significa que está destinado a repetirlo. Incluso cuando lleva a cabo "el juego de las culpas" mental- pensar en cosas como, "Nunca iba a comprar", "Era un estúpido", "Estaba intransigente"- debe saber que estas aseveraciones internas le privan también de la oportunidad de aprender.

¿QUÉ PUEDE APRENDER?

¿Qué puede usted aprender del "no" que acaba de recibir? No debería ser que fue imposible cerrar la venta con alguien a quien le intentaba vender. Ese tipo de "lección" sólo lo predispone al fracaso. ¿Qué pudo haber hecho diferente? ¿Qué puede hacer diferente la próxima vez? ¿Qué responsabilidades asumirá por lo que sucedió o no sucedió?

Utilice los rechazos- y otros aparentes obstáculos- como una oportunidad para afinar sus destrezas de venta.

COMPRUEBE SU APRENDIZAJE

¿QUÉ SIGNIFICA EL HECHO DE LIDIAR CON UN PROSPECTO QUE MIENTE DE FORMA REPETITIVA, BRINDA INFORMACIÓN CONFUSA, SE NIEGA A HACER COMPROMISOS, Y TODO EL TIEMPO DETIENE EL PROCESO?

BUSQUE LA RESPUESTA ABAJO.

COMPORTAMIENTOS

IDENTIFIQUE TRES SITUACIONES DE VENTA DONDE FALTÓ EN ASUMIR RESPONSABILIDADES POR UN RESULTADO NO DESEADO Y POR EL CONTRARIO LE ECHÓ LA CULPA A OTRA PERSONA O A UNA SITUACIÓN EXTERNA. SI EN ESTOS MOMENTOS TUVIERA QUE ACEPTAR RESPONSABILIDADES POR ESAS SITUACIONES, ¿QUÉ LECCIONES APRENDERÍA?

Respuesta: Que usted es responsable por la situación. El hecho de que está lidiando con un prospecto que "de forma repetitiva" exhibe estos comportamientos valida la regla.

REGLA SANDLER #42

UN GANADOR TIENE ALTERNATIVAS, UN PERDEDOR PONE TODOS LOS HUEVOS EN UNA CANASTA

"A WINNER HAS ALTERNATIVES, A LOSER PUTS ALL HIS EGGS IN ONE BASKET"

¿Alguna vez intentó "hacer un libreto" por adelantado de una conversación con un prospecto?

- No intente planificar palabra por palabra las interacciones de venta.
- Tenga opciones disponibles.

> EL PROSPECTO TIENE UN LIBRETO PROPIO A SEGUIR.

Algunos vendedores planifican con diligencia, oración por oración o incluso palabra por palabra, sus llamadas o visitas de venta. Se dicen a sí mismos cosas como:

Comenzaré diciendo ...
Luego, presentaré ...
Después, preguntaré ...
El prospecto de seguro dirá ...
Luego, yo repostaré...
La reacción del prospecto de seguro será ...
Luego yo responderé...

Y así por el estilo...

Planificar paso por paso, las visitas o llamadas de venta, puede ser beneficioso...siempre y cuando no intente adherirse al libreto, palabra por palabra, cuando en realidad es momento de interactuar con el prospecto.

Tenga presente que, si cuenta con un libreto, el prospecto también cuanta con uno. Las posibilidades de que ambos libretos se complementen con facilidad- o de manera que le acerque más al banco- son muy pocas. Intentar adherirse palabra por palabra al "libreto" pone una presión innecesaria sobre al prospecto y sobre usted mismo, y dificulta el flujo de información en ambas direcciones. Adherirse al lenguaje del libreto limita sus opciones. Tiene sólo un camino que recorrer, y sólo uno. Ese tipo de venta pone todos los huevos en una canasta. ¡Así no funcionan los ganadores!

TENGA OPCIONES DISPONIBLES

Las interacciones de venta tienen que ver con tener opciones disponibles, no de seguir una secuencia de eventos o palabras específicas. Si la planificación previa a la interacción de venta le ayuda a mantener una mente y actitud abierta, y a responder a las oportunidades de forma espontánea, entonces hacer un libreto pudiera ser una buena idea como una forma para prepararse. Sin embargo, por lo regular, utilizamos los libretos para otros propósitos diferentes para convencernos de que sabemos con exactitud qué tipo de intercambios surgirán cuando estemos ante el prospecto. Esta clase de "preparación" con frecuencia causa más daño que bien. ¡Saldríamos mejor si le enviáramos por adelantado al prospecto una copia del libreto, que indique las respuestas y reacciones que queremos escuchar!

Una mejor estrategia sería hacer un mapa de la interacción mediante la identificación de puntos claves que necesita cubrir y la información crítica que necesita obtener. Podría ser útil identificar preguntas claves por cada punto. Ensaye las preguntas, pero no se adhiera a una secuencia o se limite a los tópicos planificados. Sea flexible. Si el prospecto expresa un tópico o preocupación nunca antes discutido que se relacione a su producto o servicio, no lo ignore. ¡Alejarse del plan original y seguir otro camino pudiera ser lo que necesita para llegar al banco!

COMPRUEBE SU APRENDIZAJE

¿CUÁLES SON LAS DESVENTAJAS PRINCIPALES DE PLANIFICAR LAS INTERACCIONES DE VENTA EN TORNO A UN LIBRETO HECHO CON ANTICIPACIÓN?

BUSQUE LA RESPUESTA ABAJO.

COMPORTAMIENTOS

PARA EVITAR ENCAJONARSE EN UN LIBRETO, HAGA UN MAPA -DE FORMA QUE SE SIENTA MÁS CÓMODO- DE LOS ELEMENTOS PRINCIPALES DE LA INTERACCIÓN INICIAL CON UN PROSPECTO. LUEGO, DESARROLLE PUNTOS IMPORTANTES A ATENDER POR CADA ELEMENTO PRINCIPAL. PARA FINALIZAR, DESARROLLE PREGUNTAS CLAVES QUE LO LLEVEN A CADA ELEMENTO, SIN IMPORTAR EL ORDEN QUE SIGA.

AL INTERIORIZAR EL "MAPA", EN VEZ DE MEMORIZARSE UN LIBRETO PASO POR PASO, SE MANTIENE SUFICIENTE FLEXIBILIDAD COMO PARA CAMBIAR DE TÓPICOS Y OBTENER LA INFORMACIÓN NECESARIA.

Respuesta: Esta estrategia lo encajona en un diálogo pre planificado que pudiera no ser congruente con el "libreto" del prospecto. Esto limita el flujo de información y aumenta la posibilidad de perder oportunidades que solo surgirían en una ambiente más flexible.

REGLA SANDLER #43

NO SE APRENDE A GANAR CON UN "SÍ" - SE APRENDE A GANAR CON UN "NO"

"YOU DON'T LEARN HOW TO WIN BY GETTING A "YES" – YOU LEARN HOW TO WIN BY GETTING A "NO""

¿Alguna vez tuvo temor de recibir un "No" de parte de un prospecto o cliente?

- ¡Cambie el enfoque!
- No tema al NO.

Obtener un SÍ de parte de un prospecto en forma de "SÍ, le voy a comprar", le lleva al banco. Eso es algo que todos los vendedores están de acuerdo que es positivo.

Obtener un SÍ de un prospecto también hace sentir bien a uno. Nadie argumentaría que esto no es cierto.

Obtener un SÍ nos da confianza y seguridad. ¡Sin duda esto es algo bueno, también!

Por desgracia, la mayoría de los vendedores reciben más NO como respuesta que lo que reciben SÍ. Eso es un hecho en el mundo de ventas. Otro hecho es: Si las respuestas NO lo desmotivan, le hacen sentir menos, le impiden aprender y mejorar, entonces tiene que cambiar el enfoque. Tiene que comenzar a ver el NO de una manera distinta.

UN CAMBIO SIMPLE

Nos hemos topado con muchos, muchos vendedores a quienes no les iba bien y comenzaron a generar los ingresos esperados...sólo con hacer un cambio simple en la manera de ver su trabajo. Este cambio fue: Salieron al ruedo a buscar respuestas NO, en vez de respuestas SÍ. Y ese cambio simple, transformó sus carreras.

Entienda los siguiente: ¡Hicieron este cambio a sabiendas que tenían una responsabilidad profesional de no aceptar ningún tipo de "lo voy a pensar" de parte de ningún prospecto! Su objetivo era sólo coleccionar una cantidad considerable de respuestas NO...antes de llegar a las respuestas SÍ eventuales. Esto les ayudo a cambiar las cosas.

Encuentre un vendedor con diez respuestas NO corridas, y encontrará a alguien que está cerca de un SÍ. Cuando usted se propone ganar mediante obtener respuestas NO, puede llegar hasta sentirse bien por los resultados negativos.

En una de nuestras sesiones de capacitación, un vendedor que estaba a punto de dejar la profesión, se aferró a esta idea. Decidió ir en busca de los NO- no los "quizás" sino que los NO- en vez de ir en busca de los SÍ. ¡Luego regreso para informar al grupo que se dio cuenta que la mayoría de los prospectos "eran incapaces" de decir NO. ¡Mediante "presión" sutil, esa semana había logrado tres ventas!

Sin darse cuenta obtuvo un beneficio adicional. ¡Perdió el miedo a las visitas o llamadas en frío. Se eliminó la presión por obtener un SÍ.

¿Cómo puede usted entrar al círculo de ganadores? ¡Quitándose la presión de encima! ¡Pare de ver el trabajo como una manera mística de recibir respuestas SÍ libre de rechazos- y comience a verlo como una forma de acumular la mayor cantidad de respuestas NO posibles!

COMPRUEBE SU APRENDIZAJES

¿Puede mencionar tres razones para no temerle al "No"?

Busque la respuesta abajo.

COMPORTAMIENTOS

Si, en la insistencia de evitar obtener un "No", usted ha estado aceptando respuestas de "quizás", "lo voy a pensar", o cualquier tipo de evasivas de parte de los prospectos, haga un compromiso firme de hacer un DETENTE. Cuando le pida a un prospecto tomar una decisión, bien sea obtener una cita o de comprar, busque conseguir un "Sí" o un "No". Aceptar un "No" le liberará para que de esta forma puede ir en búsqueda de oportunidades más viables.

Respuesta: 1. Recibir un "No" es inevitable: no todo con el que uno habla dará una cita o comprará por lo que hay que acostumbrarse a esa idea." 2. Recibirá más respuestas "No" que respuestas "Sí" - no tiene sentido tratar de esconder este hecho. 3. Un "No" es mejor que un "lo voy a pensar," o un "quizás".

REGLA SANDLER #44

CUANDO LE DUELA EL PIE, ES PORQUE USTED MISMO SE ESTÁ PISANDO

"WHEN YOUR FOOT HURTS, YOU'RE PROBABLY STANDING ON YOUR OWN TOE"

¿Alguna vez le echó la culpa a alguien o a algo por un error que usted cometió?

- Asuma la responsabilidad cuando algo salga mal.
- Ni piense en echarle la culpa al prospecto.

> ¿ES USTED SU PEOR ENEMIGO?

¿Tiene problemas en el proceso de ventas? Seamos honestos. ¿De quién es el problema en realidad?

En ocasiones los vendedores son sus propios enemigos, crean obstáculos y desvíos que evitan que los esfuerzos propios prosperen. Con demasiada frecuencia, se sienten tentados en echarle la culpa a los prospectos por estas situaciones. Esto es como si usted mismo se pisara, y mirar alrededor para encontrar al responsable. Cada vez que se enfrente en ventas con una sorpresa desagradable, pregúntese: ¿quién era responsable de descubrir este problema de antemano?

No se debería molestar con el prospecto por hacer algo que aparenta detener el proceso...cuando era responsabilidad suya discutir por adelantado los obstáculos potenciales. ¡Ni piense en echarle la culpa al prospecto! ¡Es problema suyo!

UNA SORPRESA DESAGRADABLE

A continuación un ejemplo. Al finalizar la presentación, su prospecto revela que está bien impresionado con la presentación. Usted entiende que está a punto de cerrar la venta. Luego él informa que en unos días le dará una decisión- tan pronto revise la información con el departamento de Compras.

Su estomago de pronto da un salto y sus quijadas se aprietan. Usted piensa: ¡Departamento!, ¿Qué departamento? ¡No me mencionó de ningún departamento! ¿Por qué rayos me entero ahora?"

Es una buena pregunta. La contestación es simple: Se entera ahora porque no se tomó la molestia de indagar sobre el historial de compra de la organización. ¡No hizo las preguntas correctas!

Como resultado, no debería molestarse con el prospecto por no haberle dicho antes.... podría asumir responsabilidad personal por no haber indagado con respecto al proceso de decisión de compra y quién además del prospectos estaría involucrado en tomar la decisión.

En realidad es su trabajo identificar y discutir con el prospecto los obstáculos potenciales antes de encontrarse con esos obstáculos. Las experiencias pasadas son un buen indicador de obstáculos futuros con los que se pudiera encontrar. Si se topa con una sorpresa desagradable.. sólo quiere decir que no realizó un buen trabajo de antemano!

Asuma la responsabilidad. Propóngase hacer mejores preguntas. Refiérase al pasado. Una vez identifique los obstáculos potenciales, puede decidir un curso a seguir que sea beneficioso para ambas partes. Estará más en control de sus esfuerzos de venta, los resultados económicos serán más favorables...y los pies no le dolerán tanto. (Refiérase también a la regla #41: *No existen malos prospectos, sino malos vendedores.*)

COMPRUEBE SU APRENDIZAJE

¿Cómo evitaría "pisarse a sí mismo"?

Busque la respuesta abajo.

COMPORTAMIENTOS

Identifique tres situaciones donde el prospecto lo "sorprendió" con una información desfavorable o inesperada que evitó agilizar la venta. Determine lo que pudo haber hecho para por lo menos descubrir, o mejor aun, evitar, que estas situaciones ocurrieran.

Respuesta: Asegúrese cubrir en detalle, cada aspecto de la venta. Es responsabilidad suya descubrir los posibles obstáculos antes de que ocurran, no es responsabilidad del prospecto.

David Mattson

REGLA SANDLER #45

EXPRESE LOS SENTIMIENTOS A TRAVÉS DE HISTORIAS DE TERCERAS PERSONAS

"EXPRESS YOUR FEELINGS THROUGH THIRD-PARTY STORIES"

¿Alguna vez frente a un prospecto se encontró en una situación donde percibió algo pero tuvo miedo de expresarlo?

- Confíe en sus "corazonadas"
- ¿Puede decir lo que en realidad siente- y además agilizar la venta?

¿Cuántas veces a tenido una corazonada con respecto a una situación pero dudo en decirle algo al prospecto? Quizás exista una forma de expresar ese sentimiento- y además adelantar el proceso de venta.

Por ejemplo, digamos que su prospecto ejerce presión debido al precio del producto o servicio. En vez de "defender" su posición- que de todas maneras no funcionará- ¿ que sucedería si encontrara una manera de decirle al prospecto cómo se siente, basado en experiencias previas?

Por ejemplo: "Sr. Andujar, reconozco su problema y creo que lo puedo ayudar a solucionarlo. Sin embargo, debo admitir, que me siento un poco incómodo. La semana pasada, trabajé con un prospecto que dijo que compraría nuestro programa sólo si yo podía conseguirle un mejor precio por una parte del programa. Me esforcé hasta que obtuve la aprobación de la empresa. Luego, el prospecto utilizó el precio para negociar con un proveedor existente un precio más bajo. Si hago lo mismo ahora, ¿terminaré lamentándome?"

Los mejores vendedores saben que su trabajo se basa en las relaciones, y esas relaciones de manera inevitable están conectadas a los sentimientos. Cuando tenga el instinto de hablar sobre cómo se siente con un prospecto o cliente, no permita que el miedo se apodere de usted. Por lo general, compartir los sentimientos de forma profesional fortalece la relación- y clarifica los compromisos que hacen que la relación funcione.

COMPRUEBE SU APRENDIZAJE

¿POR QUÉ LAS HISTORIAS DE TERCERAS PERSONAS SON UNA ESTRATEGIA EFECTIVA PARA EXPRESAR LOS SENTIMIENTOS?

BUSQUE LA RESPUESTA ABAJO.

COMPORTAMIENTOS

IDENTIFIQUE DOS SITUACIONES DE VENTA DONDE HUBIESE PODIDO UTILIZAR HISTORIAS DE TERCERAS PERSONAS PARA EXPRESAR LOS SENTIMIENTOS O PREOCUPACIONES. ESCRIBA LO QUE HUBIESE PODIDO HABER DICHO EN CADA CASO.

Respuesta: La historia de terceras personas permite que el prospecto juzgue los sentimientos del vendedor desde un punto de vista objetivo, debido a que la historia involucra a otra persona.

REGLA SANDLER #46

NO EXISTE TAL COSA COMO UN BUEN INTENTO
"THERE IS NO SUCH THING AS A GOOD TRY"

¿Alguna vez utilizó "palabras engañosas" con un prospecto o cliente?

- Haga o no haga
- Experimente.

Hagamos un experimento. En un momento le vamos a pedir que pare de leer e intente cerrar el libro. Después de cerrar el libro, cuente hasta 10 y abra de nuevo el libro; luego continúe donde se quedó. Recuerde anotar el número de página.

¡En su marca, listo... fuera! Intente cerrar el libro. Adelante... haga un buen intento.

¿Cerró el libro?

Si lo hizo, no lo intentó, en realidad cerró el libro.

Si no lo cerró, es por que lo intentó.

¿Confundido? No es para tanto. Sólo recuerde las palabras de Yoda en *El Imperio Contraataca:*
"Hazlo. O no. No existe intentar."

El punto es que Yoda estaba en lo correcto. No existe "intentar". O hace algo o no lo hace. "Intentar" es una palabra engañosa. En el mejor de los casos, "intentar" comunica intención, no compromiso.

> NO EXISTE "INTENTAR"

Con este punto en mente, considere las siguientes aseveraciones:

- "Intentaré prospectar hoy."
- "Intentaré darle seguimiento a un prospecto la semana próxima."
- "Intentaré obtener una decisión de un prospecto antes que el mes termine"
- "Intentaré terminar ese reporte mañana en la tarde."

Si separa tiempo para una actividad, hágala...o no la haga. No existen términos medios. Imagínese si extendiéramos el concepto de "intentar" hacia otras facetas de la vida:

- "Intentaré detener en la luz roja."
- "Intentaré querer a mis hijos."
- "Intentaré mirar hacia ambos lados de la calle antes de cruzar."

Cuando el resultado es importante, sacamos el "intentar" de la ecuación.

NO INTENTE-COMPROMÉTASE

La próxima vez que esté a punto de decir que lo "intentará", reconsidere el enfoque. Si el resultado de la actividad es importante, no intente; comprométase. Si la actividad no es importante, ¿entonces por qué molestarse en intentar?

> # COMPRUEBE
> # SU APRENDIZAJE
>
> ¿POR QUÉ "INTENTAR" ES UNA PALABRA ENGAÑOSA?

BUSQUE LA RESPUESTA ABAJO.

COMPORTAMIENTOS

ESTÉ MÁS PENDIENTE DE LAS MANERAS QUE USTED Y LOS PROSPECTOS UTILIZAN LA PALABRA "INTENTAR". EN VEZ DE "INTENTAR", HAGA UN COMPROMISO FIRME. CUANDO LOS PROSPECTOS O CLIENTES UTILICEN LA PALABRA, PIDA UNA EXPLICACIÓN Y DE MANERA SUTIL PRESIÓNELOS A HACER UN COMPROMISO.

Respuesta: "Intentar" es una palabra engañosa porque cuando se "intenta" hacer un compromiso, no se hace un compromiso del todo.

REGLA SANDLER #47

VENDER ES UNA OBRA DE BROADWAY CON UN PSIQUIATRA COMO ACTOR

"SELLING IS A BROADWAY PLAY PERFORMED BY A PSYCHIATRIST"

¿Alguna vez perdió la objetividad con un prospecto o cliente?

- No se involucre de forma emocional.
- Mantenga la objetividad.
- Entienda y planifique para enfrentar la dinámica humana.

Comprar es una experiencia emocional inevitable para el prospecto. ¡Y vender es, con demasiada frecuencia, para el vendedor una experiencia incluso más emocional!

¿Por qué las emociones son un problema para el vendedor? Porque involucrarse de forma emocional en una situación de venta nubla el pensamiento. Por lo general comienza de la siguiente manera: Usted presiente que el cierre de la venta está cerca. Se siente jubiloso y se descuida. Luego se le escapa algo. Y por alguna razón la venta se le va de las manos. ¡Por desgracia, esta situación es bien común!

Para tener una idea de la importancia de mantener la compostura y la objetividad, piense en la relación entre un psiquiatra y su paciente.

Durante una sesión, el paciente de pronto se levanta, agarra un abrecartas del escritorio del psiquiatra, y grita, *"¡Le voy a matar!"*

Ante esta situación, el buen psiquiatra no grita en respuesta, "¿Por qué yo?"

Por el contrario, mantiene una perspectiva objetiva de la situación, y se pregunta, "¿Por qué esta persona actúa de esa manera?" Entonces responde, "Tomás, es obvio que está molesto. Antes de que me ataque y haga algo de lo que arrepentirá, ¿podemos hablar sobre lo que le molesta? Quizás existe una mejor forma de lidiar con lo que sea que está sintiendo. ¿Está dispuesto a averiguarlo?"

La respuesta de "¿Por qué yo?" es la que con toda probabilidad provocaría la muerte del psiquiatra. La respuesta objetiva con toda probabilidad la salvará la vida. .

Usted, también, tiene que mantener una perspectiva objetiva de la situación de venta. Guarde el entusiasmo emocional para después de la venta. Durante el proceso de venta asuma una posición de "tercera persona". Véalo como si fuera un observador del evento. El comprador (el prospecto) y el vendedor (usted) son los actores. *¡Usted es el director!*

> HAY QUE TENER UN ENTENDIMIENTO DE LA DINÁMICA HUMANA.

SEA EL GUÍA DE SU COMPORTAMIENTO

Para ser un profesional de ventas efectivo, hay que tener un entendimiento de la dinámica humana, y aprender a utilizar ese entendimiento para guiar las acciones y comportamientos propios hacia el mejor de los resultados para usted y el prospecto. Esto pudiera requerir actuar de forma diferente ante el prospecto. Repetimos: *¡Brinde al prospecto la personalidad que éste quiera!* (Refiérase también a la Reglas #41, *No existen malos prospectos sólo malos vendedores*)

Si interactúa con una persona que tiende a enfocarse en lo macro- le toca enfocarse en la visión del prospecto y asegurarse dar importancia a los asuntos claves y evitar los detalles del proceso que sabe aburrirán a la persona (y que al final serán responsabilidad de otras personas). Por otro lado, si interactúa con "corroborador de datos" insistente, le toca asumir el rol del vendedor que sabe poner el punto a cada "i" y la tilde a cada "ñ"

La interacción con el prospecto- desde el momento que dice "hola" hasta el momento que se firma el contrato, y todos los mementos que le siguen- sin duda se regirán por ciertas "reglas de juego". Su objetivo es descubrir cuáles son estas reglas para cada relación de negocios. Compare la tarea se identificar las reglas a seguir con la de actuar en una obra de Broadway-una actuación donde usted, el actor principal, tiene todo el conocimiento, las credenciales y la experiencia de un gran psiquiatra. Esa preparación podría ser útil ante un compañero de escena que se comporta de forma errática.

COMPRUEBE SU APRENDIZAJE

¿Por qué es beneficioso mantener la perspectiva objetiva de un director en las interacciones de venta?

Busque la respuesta abajo.

COMPORTAMIENTOS

Identifique dos situaciones donde se involucró de forma emocional en el proceso de venta -por ejemplo, en las que se mostró reacio a aceptar el punto de vista del prospecto- y sus respuestas impidieron que se agilizara la venta.

¿Qué hubiese hecho diferente y de manera más objetiva en cada situación?

Respuesta: Al mantener una perspectiva objetiva, se establece un desconexión emocional. Asumir una posición emocional puede afectar negativamente el buen juicio y la efectividad de las acciones y comportamientos.

REGLA SANDLER #48

UNA VIDA SIN RIESGOS ES UNA VIDA SIN CRECIMIENTO
"A LIFE WITHOUT RISK IS A LIFE WITHOUT GROWTH"

¿Alguna vez se sintió como si estuviera reszagado...porque no se aventuró a aprender y hacer cosas nuevas?

- No se dé por vencido.
- No sea conformista.
- Nunca deje se aprender.

¡Aleluya! Las cosas marchan bien-o por lo menos lo suficiente bien. ¡Puede por fin respirar con tranquilidad! Las órdenes recurrentes de los clientes existentes lo acercan a la cuota mensual y se ha quitado al gerente de encima. Se siente relativamente satisfecho con la cantidad de los cheques de comisión que de seguro recibirá en el mes. ¿Por qué tomarse el riesgo de cambiar lo que le ha funcionado? Después de todo, la vida le sonríe...¿no?

> O CRECE COMO VENDEDOR O ESTÁ MUERTO.

En realidad, lo mejor es no sentirse "demasiado cómodo todavía". Los mejores clientes que tiene están en la lista de prospectos de la competencia. Existen productos, servicios y tecnologías nuevas en el mercado que están a punto de transformar su mundo. Personas con las que tenía excelentes relaciones de negocios, se aprestan a cambiar de puestos, moverse a compañías nuevas, o retirarse. La situación en los territorios que tiene asignado pudiera cambiar de la noche a la mañana, y de hecho la experiencia dicta que de seguro sucederá. Si se relaja ahora, y toma el siguiente trimestre libre para la siesta profesional que se prometió a sí mismo, se despertará para enfrentarse a un mundo completamente diferente.

No se puede dar el lujo de aferrarse al status quo. De todas formas, es una ilusión óptica. Llega el momento que todo cambia, y esto significa que usted puede que cambie si decide ser persistente. Si el cambio es inevitable, y lo es, ¿por qué no encontrar la manera de que sea para bien? La estrella del rock Bob Dylan dijo y parafraseamos: ¡O crece como vendedor, o está muerto. No existen términos medios. No se quede rezagado!

Si quiere seguir creciendo, tiene que tomar riesgos. En realidad, ¿qué arriesgaría? Primero que nada, y más importante, tiene que arriesgar el hábito de "refugiarse" en logros del pasado. Eso se llama conformismo, y es una tendencia negativa para los vendedores- o cualquier otra persona. Vivir con el conformismo como norte, es de forma paradójica, el más grande riesgo de todos.

Ninguno de los otros "riesgos" que tomaría como vendedor- el guardián que impide el acceso, el prospecto que se desconecta de una gran presentación, etcétera- al cabo del tiempo no serían tan amenazantes como el conformismo, a pesar de que algunos de estos le trastoquen el ego. Sin embargo, si decide *aprender* lo más posible de las experiencias, se fortalecerá con cada experiencia, y tendrá una vida de *riquezas*.

Si no está dispuesto a tomar riesgos, no progresará. De manera que siempre esté dispuesto a tomar el riesgo de lograr algo de lo que no está seguro, algo que crea que sea mejor que lo que tiene en la actualidad. Incluso cuando no obtenga los resultados esperados, aprenderá una lección que le ayudará en la próxima ocasión-y crecerá .

COMPRUEBE SU APRENDIZAJE

¿POR QUÉ "ARRIESGARSE" SI DESEA CRECER?

BUSQUE LA RESPUESTA ABAJO.

COMPORTAMIENTOS

IDENTIFIQUE DOS ÁREAS EN EL ASPECTO PROFESIONAL, DONDE CREE QUE SE REFUGIA EN EL PASADO. LUEGO, POR CADA SITUACIÓN, IDENTIFIQUE UNA ACCIÓN QUE LE OBLIGARÍA SALIRSE DE LA ZONA DE CONFORT Y A CRECER...Y LUEGO ESTABLEZCA UNA FECHA DE COMIENZO.

Respuesta: El mundo de las ventas es un lugar dinámico y competitivo. ¡Si no está dispuesto a salirse de la zona de confort y a hacer cosas nuevas, se quedará rezagado!

REGLA SANDLER #49

DEJE AL NIÑO EN EL AUTO
"LEAVE YOUR CHILD IN THE CAR"

¿Alguna vez permitió que las emociones tomaran control de una situación de ventas?

- Repasemos el Análisis Transaccional.
- Atienda al Niño del prospecto.
- Controle al Niño del vendedor.

Al comienzo del libro, hablamos sobre el Análisis Transaccional (A-T), un modelo de relaciones humanas que David Sandler utilizó como base para desarrollar la metodología de capacitación del Sistema de Ventas Sandler. Se discutió cómo cada uno de los tres estados de ego-Padre, Adulto y Niño- influencian el comportamiento del prospecto, por ende, la decisión de compra. Veamos ahora cómo cada uno de esos estados de ego influencian al *vendedor*.

Si bien recuerda, el estado de ego del Padre es donde archivamos lo correcto/incorrecto, lo que se debe hacer/no hacer, y lecciones y mensajes similares que recibimos de nuestros padres y otras figuras de autoridad en la niñez- lecciones y mensajes que ahora controlan nuestro juicio y comportamiento. En ocasiones, recibimos esos mensajes a manera de "crítica"- y con una connotación dictatorial y autoritaria. En otras ocasiones, los recibimos en una forma más "reconfortante"- a manera de sugerencias útiles y palabras de apoyo.

Recordará también, que el estado de ego Adulto es la parte "computadorizada" de nuestro ser: entrada y salida de información. Este estado de ego facilita el análisis objetivo, lógico libre de emociones y la toma de decisiones.

El estado de ego del Niño, es donde archivamos nuestros sentimientos sobre lo correcto e incorrecto, lo que se debería o no hacer en relación a las enseñanzas, sermones y exigencias de nuestros padres. En ocasiones, el Niño puede comportarse muy receptivo al recibir estos mensajes- con la sola intención de recibir aprobación y aceptación. En otras ocasiones, el Niño se comporta rebelde y se resiste o desafía el mensaje. Todo padre ha experimentado, por lo menos una vez, los gritos y pataleos del niño que no pudo hacer lo que quería.

Como discutimos en las primeras páginas del libro, David Sandler descubrió que los vendedores tienen que atender los tres aspectos del prospecto-el Padre, El Adulto y el Niño- al momento de desarrollar una oportunidad de venta. El Niño tiene que desear comprar lo que usted vende. El Adulto tiene que concluir que comprarlo es lo más lógico. Y el Padre tiene que darle permiso al Niño a comprarlo.

> EL NIÑO NO TIENE NINGUNA INJERENCIA EN EL PROCESO DE VENTA.

Sandler también llegó a algunas conclusiones con respecto a los estados de ego concernientes a los vendedores profesionales. Sandler enseñaba, que si bien es cierto que el Niño del prospecto es un elemento crítico en la interacción comprador-vendedor, también es cierto que el Niño del *vendedor* no tiene ninguna injerencia en el proceso. El vendedor nunca debe buscar la aprobación o aceptación del prospecto (Refiérase a la Regla #20 *La meta principal de un profesional de ventas es ir al banco*) o "patalear" cuando las cosas no salgan como lo esperaba. De lo contrario, sería imposible que el vendedor se mantenga objetivo y con la emociones bajo control.

Sandler concluyó que la mayoría de las interacciones con los prospectos- cerca del 70 por ciento- se deberían conducir desde la parte "reconfortante" del Padre y el restante 30 por ciento desde el Adulto. ¡Durante las interacciones de venta, el Niño del vendedor se debe quedar en el auto! (Puede reencontrase con este estado de ego después de la reunión, quizás con un grito de victoria como "¡Lo logré!" después de haber cerrado la venta.)

David Mattson

COMPRUEBE SU APRENDIZAJE

¿POR QUÉ NO HAY LUGAR PARA EL "NIÑO" EN EL TERRENO DE VENTAS?

BUSQUE LA RESPUESTA ABAJO.

COMPORTAMIENTOS

IDENTIFIQUE TRES SITUACIONES COMUNES DURANTE EL PROCESO DE VENTAS DONDE SUS ACCIONES Y REACCIONES SE DEJARON GUIAR POR LAS EMOCIONES EN VEZ QUE POR EL INTELECTO. POR CADA SITUACIÓN, IDENTIFIQUE UN CURSO DE ACCIÓN DIFERENTE- QUE SE GUÍE POR EL INTELECTO, EN VEZ DE HACER UN ANÁLISIS DE LA SITUACIÓN BASADO EN LAS EMOCIONES.

Respuesta: Para desenvolverse de forma efectiva y analizar las situaciones y soluciones de venta, el vendedor tiene que mantener una perspectiva objetiva. Para lograrlo hay que tener las emociones bajo control.

EPÍLOGO

ALGUNOS PENSAMIENTOS FINALES SOBRE TIEMPOS BUENOS Y TIEMPOS MALOS, Y LOS COMPORTAMIENTOS RELACIONADOS

En las primeras oraciones de la novela, *Historia de dos Ciudades,* Charles Dickens escribió: "Era el mejor de los tiempos, era el peor de los tiempos...teníamos todo ante nosotros, teníamos nada ante nosotros..."

De cierta forma este pasaje evoca a las altas y bajas inevitables de la profesión de ventas. Habrán periodos que sentirá que son "el mejor de los tiempos", periodos que tiene todo ante usted- oportunidades ilimitadas, prospectos que responden, clientes recurrentes, y cantidad de referidos. La vida no puede ser mejor.

Luego habrán periodos que sentirá que son "el peor de los tiempos"- tiempos donde sentirá que tiene nada ante usted. Los prospectos no lo reciben. Los clientes limitan las órdenes. Las oportunidades de venta en el mercado están escasas. Para expresarlo en las palabras de Dickens, "la primavera de esperanza" se convierte en "el invierno de desesperación"

Durante el "peor de los tiempos", puede optar darse por vencido, sentarse en las gradas y esperar que las cosas mejoren. O puede espabilarse y hacer lo que haga falta para buscar, identificar, calificar y desarrollar oportunidades viables nuevas. ¿Es más difícil desarrollar oportunidades de negocio cuando existe una escasez de prospectos? Claro que sí. ¿Es imposible? Claro que no. Sólo toma dedicación- y la disciplina suficiente para desempeñar los comportamientos necesarios.

Si levanta el teléfono y comienza hacer llamadas, de forma milagrosa, en algún momento se encontrará entablando conversaciones. Con todo el conocimiento que tiene podría convertir esas conversaciones en una actividad de prospectar.

Si realiza suficientes actividades de prospectar, encontrará prospectos.

Si le pide a suficientes prospectos que hagan compromisos y tomen decisiones de compra, obtendrá mayor cantidad de compromisos y decisiones de compra.

Si sus comportamientos son los correctos y consistentes, obtendrá resultados.

LA PARADOJA DE DICKENS

Existe un elemento desconcertante que hay que considerar en cualquier discusión sobre "el mejor de los tiempos" y "el peor de los tiempos" Es el siguiente: Si no nos cuidamos, nuestro "mejor de los tiempos" pudiera poner en manifiesto nuestras deficiencias como vendedores.

Después de todo, es durante "el mejor de los tiempos" que desatendemos nuestros comportamientos más productivos y proactivos. Cuando hay numerosos prospectos y la demanda de nuestro producto o servicio es alta, tendemos a recurrir a las rutinas para prospectar que hemos utilizado hasta el momento. Cuando existen muchas oportunidades y presentaciones que realizar- tendemos a pasar por alto los compromisos y aceptamos los "lo voy a pensar"- en vez de ser firmes en obtener una decisión. Cuando todo aparenta estar bien, podríamos permitir que las relaciones de negocio que nos sacaron del "peor de los tiempos" se enfríen o desaparezcan. Hacemos un cambio letal de comportamientos proactivo a comportamientos reactivos.

Durante el mejor de los tiempos, nosotros los vendedores nos podríamos volver holgazanes- y con todo y eso obtener buenos resultados. A la larga, sin embargo, la moneda se volteará. Y los comportamientos que pudieran haber evitado que nuestros ingresos sucumbieran no los desempeñaremos de forma natural. Tendríamos que trabajar arduo para que vuelvan a ser parte de nuestra naturaleza...si queremos regresar al "mejor de los tiempos."

Desempeñar los comportamientos apropiados y proactivos de forma consistente es la clave para capitalizar sobre el éxito durante el mejor de los tiempos- y la clave para mantener un nivel alto y consistente de ingresos, incluso durante el peor de los tiempos. Puede decifrar la "Paradoja de Dickens"- si se decide a ser proactivo, a tener siempre opciones y a realizar las acciones que lo llevarán a donde quiere llegar

¡Desempeñe los comportamientos!
¡Desempeñe los comportamientos!
¡Desempeñe los comportamientos!

– David Mattson

ÍNDICE

Amistad y cliente,
  diferencia entre, 123
Análisis Transaccional,
  descripción de, 6
  modelo de relaciones humanas del Sistema de Ventas Sandler, 7, 8, 191, 192
Árbol de referidos,
  definición de, 55
  estrategia para hacer crecer el, 55, 56
Conocimiento de producto,
  uso apropiado de, 103
Consultor,
  cuándo convertirse en, 158
  cómo actuar como, 159
Desactivar la "bomba," 100, 101
Dulce,
  significado de, 18
  regar, 18
Educar con preguntas, 70
Estado de ego Adulto,
  descripción de, 6, 191
  rol en el proceso de compra, 6, 7, 8, 192
Estado de ego del Padre,
  descripción de, 6, 191
  rol en el proceso de venta, 6, 7, 8, 192
Estado de ego Niño,
  descripción de, 6, 192
  rol del vendedor, 192
  rol en el proceso de venta, 6, 7, 8, 192
Estrechez mental,
  impacto en calificar oportunidades de la, 126
Gaviotas,
  definición de, 83
  manera apropiada de presentar, 83, 84
Guardar el archivo
  cuando, 130
Historias de terceras personas,
  vender mediante, 115
  expresar sentimientos mediante, 177, 178
Intentar vs. Comprometerse, 181, 182
Ir al banco,
  definición de, 89
  estrategia para, 90
Llamada visita en frío,

definición de, 40
La Pata de Mono,
   definición de, 141
   estrategia para utilizar, 141, 142
Le debo algo.,
   cuándo obtener un, 133, 134
Leer mentes,
   definición de, 62
   estrategia para evitar 63
Libretos de ventas,
   desventajas de utilizar, 169
Mienten,
   por qué los prospectos, 151, 152
   qué hacer cuando los
   prospectos, 152
Mistificación mutua,
   ejemplos de, 21, 22
   eliminar la, 23
"No,"
   buscar un, 172
   beneficios del, 172
Objetividad en ventas,
   mantener la, 184, 185
Obstáculos de venta,
   eliminar los, 137
   asumir responsabilidad por
   remover, 174, 175
   identificar, 175
Paradoja de Dickens la, 195
Pedir una orden,
   desventajas de, 74
   estrategia para no, 75, 76
Preguntas de "Aprendiz",

ejemplo de, 79
razón para hacer, 79
rol del conocimiento de
producto en las preguntas, 80
Preguntas evasivas, 59
Preguntas sin hacer,
   definición de, 30
   ser culpable de contestar, 31
Presentación "que no se ve",
   definición de, 71
   ejemplo de, 71, 72
   "Desear" vs. "necesitar" una venta,
   162, 163
Presentaciones,
   el uso apropiado, 94
   preparación antes de las, 98
Problemas "reales",
   por qué los prospectos no expresan
   los 155, 156
   responsabilidad de descubrir los,
   156
Prospectar,
   definición de, 40, 43
   objetivo de, 40
   aprender de los fracasos al, 48
   sujetos vs. prospectos, 52
   "la regla de un metro" con relación
   a, 52, 53
Referidos,
   rol en trabajar inteligente del, 55
Remordimiento del comprador,
   definición de, 35
   estrategia para eliminar el, 35, 36

Responder a preguntas con preguntas,
  razón de ser, 59
  ejemplos de, 59, 60
Responsabilidad,
  aprender de los errores al asumir, 166
Retroceder,
  ante un ataque, 119
  durante las negociaciones, 120
Riesgos,
  lo inevitable de los, 189
  crecer a través de los, 189
Sandler, David, 4, 5, 8, 66, 78, 191, 192
Supongamos,
  uso de, 107
  ejemplo de, 107, 108
Tomar decisiones,
  responsabilidad del vendedor por, 147, 148
Trabajar inteligente,
  estrategia para 141
USTED real vs. ROL real, 14
Valor añadido,
  definición de, 145
"Vender" vs. "Hablar," 67
"Venta agresiva,"
  definición de, 111
  evitar la, 111

LAS REGLAS SANDLER®

Cuarenta y nueve Principios de Venta Perdurables…Y Cómo Aplicarlos

Temprano en su carrera, David observó que a algunos vendedores les daba mucho trabajo obtener una victoria mientras que otros de forma consistente, y casi sin esfuerzo, descubrían oportunidades y lograban ventas. Se preguntaba ¿Por qué dos vendedores que vendían el mismo producto o servicio en el mismo mercado, obtienen resultados tan diferentes?

Sandler se propuso descubrir qué separaba a los vendedores exitosos de aquellos que a pesar de trabajar de forma ardua nunca parecían obtener resultados, y nunca disfrutaban de la inmensa satisfacción que se desprende de la profesión de ventas. ¿Nacen los grandes vendedores con un talento especial- o tal vez, con la personalidad correcta- que les ayuda a alcanzar el éxito en el terreno de ventas? ¿Son más experimentados o tiene mayor educación? ¿De forma mágica se encuentran en el sitio indicado, al momento indicado, rodeados de las personas indicadas?

A medida que Sandler se convirtió en un estudioso de la conducta humana, hizo un descubrimiento revelador-un descubrimiento que se convirtió en el principio guía del Sistema de Ventas Sandler: no es como uno siente lo que determina como uno actúa, es como uno actúa lo que determina como uno se siente. Entendió que si podía guiar a los vendedores a desempeñar el comportamiento correcto, se podían desarrollar las actitudes y creencias…y una vez engranadas las reglas de éxito en ventas, el éxito llegaba casi sin esfuerzo. De este razonamiento surgieron Las Reglas Sandler.

A medida que lea cada capítulo, se le guiará hacia practicar un enfoque sistemático de todos los aspectos del proceso de venta. Desarrollará actitudes y creencias específicas sobre ventas. A partir de este punto, tendrá un grupo de comportamientos simples que podrá utilizar con facilidad de forma repetitiva. Este es el camino hacia el éxito en la profesión de ventas.

Sobre el Autor

David Mattson es el Presidente Ejecutivo y socio de Sandler System Inc., una organización internacional de capacitación y consultoría con base en los Estados Unidos. En 1986, Mattson conoció al fundador de Sandler Training, David H. Sandler, y se enamoró de su filosofía, métodos y materiales. En 1988, comenzó a laborar para el Sr. Sandler, y con el tiempo fue seleccionado para liderar la compañía. Mattson continúa como capacitador, consultor en gerencia, ventas, relaciones interpersonales, integración de equipos de trabajo y planificación estratégica en Estados Unidos y Europa.

"Aprender de David Sandler fue un privilegio único, así como trabajar con él. En numerosas ocasiones me topo con antiguos clientes de Sandler que sin pedírselo, recitan una Regla Sandler y con emoción cuentan una historia sobre cómo hizo un impacto significativo en sus carreras. Mi deseo es que este libro tenga en usted el mismo efecto de transformación".

David Mattson es además co-autor de Five Minutes With Vito: Making the Most of Your Selling Time with the Very Important Top Officer.

LaVergne, TN USA
06 January 2010
169137LV00003B/1/P